BIBLE STORIES FOR KIDS

HISTORIAS BÍBLICAS PARA NIÑOS

Historias Bíblicas
para Niños

Bible Stories for Kids

Francine Rivers & Shannon Rivers Coibion

Ilustrado por Pascale Constantin / Illustrated by Pascale Constantin

Tyndale House Publishers, Inc. Carol Stream, Illinois

Visit Tyndale's exciting Web site at www.tyndale.com.
Visite la apasionante página de Tyndale Español en Internet: www.tyndaleespanol.com.

Check out the latest about Francine Rivers on her Web site at www.francinerivers.com.
Entérese de lo último de Francine Rivers en Internet: www.francinerivers.com.

TYNDALE is a registered trademark of Tyndale House Publishers, Inc.
TYNDALE es una marca registrada de Tyndale House Publishers, Inc.

The Tyndale Kids logo is a trademark of Tyndale House Publishers, Inc.
El logotipo de Tyndale Kids es una marca de Tyndale House Publishers, Inc.

Bible Stories for Kids
Historias bíblicas para niños

Designer / Diseño: Jennifer Ghionzoli
English editing / Edición del inglés: Betty Free Swanberg
Spanish translation / Traducción al español: Mayra Urízar de Ramírez
Spanish editing / Edición del español: Mafalda E. Novella

For manufacturing information regarding this product, please call 1-800-323-9400.
Para información sobre la fabricación de este producto, favor de llamar al 1-800-323-9400.

Library of Congress Cataloging-in-Publication Data

Rivers, Francine, date.
  Historias bíblicas para niños = Bible stories for kids / Francine Rivers & Shannon Rivers Coibion ; ilustrado por Pascale Constantin.
      p. cm.
   English and Spanish.
   Includes bibliographical references and index.
   ISBN 978-1-4143-1981-0 (hc : alk. paper)
   1. Bible stories, Spanish.   2. Bible stories, English.   I. Coibion, Shannon Rivers.   II. Constantin, Pascale.   III. Title.   IV. Title: Bible stories for kids.
   BS557.3.R58 2008
   220.9'505—dc22   2008015856

Printed in China
Impreso en China

19   18   17   16
 8   7   6   5

contents / contenido

alphabetical list of Bible names
lista alfabética de nombres bíblicos

acknowledgments

My daughter, Shannon, and I want to give special thanks to our editor, Betty Swanberg. We had a vision to create a multigenerational book of stories and discussions about well-known and lesser-known Bible characters. However, Shannon (a homeschooling mom of two young children) and I (a writer of adult fiction) needed someone to come alongside us and teach us how to write this book. Betty has been that person, and we are grateful for the opportunity to work with her.

Thank you also to Karen Watson, who shared our vision, and to the Tyndale team for their combined efforts in placing this book in your hands.

Francine Rivers

reconocimientos

Mi hija, Shannon, y yo queremos agradecer de manera especial a nuestra editora, Betty Swanberg. Teníamos la visión de crear un libro multigeneracional de historias y discusiones sobre los personajes bíblicos más conocidos y los menos conocidos. Sin embargo, Shannon (madre que educa en casa a sus dos hijos pequeños) y yo (escritora de libros de ficción para adultos) necesitábamos a alguien que se nos uniera y nos enseñara a escribir este libro. Betty ha sido esta persona y estamos agradecidas por la oportunidad de trabajar con ella.

Gracias también a Karen Watson, que compartió nuestra visión, y al equipo de Tyndale por su trabajo integrado para colocar este libro en sus manos.

Francine Rivers

A family adventure

We live in difficult times. Our children and grandchildren face issues and situations daily that challenge their faith, morality, and way of thinking. Teaching them *what* to think will not prepare them for worldly philosophies. Teaching them *how* to think, reason, and apply God's truth to their own lives will better equip them to live in the world without becoming part of it. Therefore, it is with great excitement that Shannon and I, along with the Tyndale team, present this collection of stories.

This is not intended to be just a children's book. We hope it will become a family adventure in which you share with one another truths from Scripture, life experiences, and the power of God to change lives. And what's most important of all is that you teach your children how to put God's teachings into practice.

I've written each story from the point of view of one person. In some cases, several stories cover the same situation but from different perspectives. Once the story is read, Shannon's section, Growing Time, will help involve family members in open discussion about interesting historical facts. Then you'll find questions that go beyond facts and require deeper thinking about each individual and how the issues and challenges people faced thousands of years ago are those we still face today. The prayer suggestions will help teach the principle of praying through the truths from Scripture. Children are encouraged to pray that the lessons they learn will become evident in every part of their lives.

It is our prayer that this book will strengthen the faith of each family member and equip you to go into the world. As you learn from the lives of 30 of God's people, may you become more ready to point the way by word and example to your Savior and Lord, Jesus Christ.

Una aventura familiar

Vivimos en tiempos difíciles. Nuestros hijos y nuestros nietos a diario enfrentan asuntos y situaciones que retan su fe, moralidad y manera de pensar. Enseñarles *qué* pensar no los preparará para las filosofías mundanas. Enseñarles *cómo* pensar, razonar y aplicar la verdad de Dios a sus propias vidas los equipará mejor para vivir en el mundo, sin llegar a ser parte de él. Por lo tanto, con gran emoción Shannon y yo, junto con el equipo de Tyndale les ofrecemos esta colección de historias.

Este no pretende ser sólo un libro infantil. Esperamos que llegue a ser una aventura familiar en la que compartan mutuamente las verdades de las Escrituras, las experiencias de la vida, el poder de Dios para cambiar vidas y sobre todo que les enseñen a sus hijos a poner en práctica las enseñanzas de Dios.

He escrito cada historia desde el punto de vista de una persona. En algunos casos, varias historias cubren la misma situación, pero desde perspectivas distintas. Una vez leída la historia, la parte de Shannon, Tiempo para Crecer, ayudará a que los miembros de la familia participen en una discusión abierta sobre interesantes hechos históricos. Después, encontrarán preguntas que van más allá de los hechos y que requieren de un pensamiento más profundo sobre cada persona y cómo los asuntos y retos que la gente enfrentó hace miles de años son los que aún enfrentamos ahora. Las sugerencias de oración ayudarán a enseñar el principio de orar a través de las verdades de las Escrituras. Se anima a los niños a orar para que lo que aprendan llegue a ser evidente en cada parte de sus vidas.

Oramos para que este libro fortalezca la fe de cada miembro de la familia y los equipe para salir al mundo. Aprendiendo de las vidas de 30 de las personas de Dios, oramos para que estén más preparados para indicar, con sus palabras y ejemplo, el camino que lleva a su Salvador y Señor, Jesucristo.

Dear reader,

Have you been listening to Bible stories for as long as you can remember? Do you think you have learned everything there is to know about the people in the Bible? Well, guess what. I'm a mom, and I'm still learning! And guess what again. My mom is a grandmother, and she is still learning too!

The Bible is a very special book, because it is a gift from God. He wanted you, your parents, your grandparents, and everyone else to learn that He created people to be His friends. To help us understand that, He had many stories written down. Some of them are about people who learned to love God. Others are about people who chose not to love Him.

My mom, who is an author, thought it would be a good idea to learn as much as she could about 30 different Bible characters. She wanted to bring them to life through her writing. So she has written 30 stories about 30 Bible people for families just like yours.

I'm a mom who homeschools my two children. We like to talk about Bible stories together. We discover interesting facts about Bible times and talk about the people in the stories. We pray that we will learn the lessons they learned, and we ask God to help us not make the mistakes they made. I wrote the Growing Time pages in this book to help you and your family do the same.

We hope you will enjoy this book. But most of all, we pray that it will help you learn to be a better friend and follower of God and His Son, Jesus Christ.

With love from / Con amor,

Shannon Rivers Coibion

and from her mother / y de su madre,

Francine Rivers

Querido lector:

¿Has escuchado historias bíblicas desde que tienes memoria? ¿Crees que has aprendido todo lo que se puede saber sobre los personajes bíblicos? Bueno, ¿sabes qué? Soy mamá, ¡y aún estoy aprendiendo! Y ¿sabes qué más? Mi mamá, que ya es abuela, ¡también sigue aprendiendo!

La Biblia es un libro muy especial, porque es un regalo de Dios. Él quería que tú, tus padres, tus abuelos y todos supieran que él creó a la gente para que fueran sus amigos. Para ayudarnos a comprender esto, él hizo que se escribieran muchas historias. Algunas se tratan de gente que aprendió a amar a Dios. Otras son acerca de gente que decidió no amarlo.

Mi mamá, que es autora, pensó que sería bueno aprender tanto como pudiera de 30 personajes bíblicos distintos. Quiso darles vida con su obra. Por lo que escribió 30 historias de 30 personas bíblicas para familias como la tuya.

Soy una madre que educo en casa a mis dos hijos. Nos gusta hablar de las historias bíblicas juntos. Descubrimos hechos interesantes sobre los tiempos bíblicos y hablamos de la gente de las historias. Oramos para poder aprender las lecciones que ellos aprendieron y le pedimos a Dios que nos ayude a no cometer los errores que ellos cometieron. Escribí las páginas del Tiempo para Crecer en este libro para ayudarles a ti y a tu familia a hacer lo mismo.

Esperamos que disfrutes de este libro. Pero más que todo, oramos para que te ayude a aprender a ser un mejor amigo y seguidor de Dios y de su Hijo, Jesucristo.

OLD TESTAMENT

Abram heard a voice. It came as a whisper, but he could feel the power of it. It was God who spoke!

"Leave your country and your relatives, and go to the land that I will show you. I will make you the father of a great nation. I will bless you with good things and make you famous. I will bless those who bless you and use bad things to curse those who curse you. But all the families of the earth will be blessed through you."

Abram went to his wife, Sarai. "We're leaving Haran and going

Abram escuchó una voz. Se oyó como un susurro, pero pudo sentir su poder. ¡Fue Dios el que habló!

"Vete de tu país y de tus familiares a la tierra que yo te mostraré. Te haré el padre de una gran nación. Te bendeciré con cosas buenas y te haré famoso. Bendeciré a los que te bendigan y utilizaré cosas malas para maldecir a los que te maldigan. Y todas las familias de la tierra serán bendecidas a través de ti."

2

wherever the Lord leads us."

Abram's nephew Lot came with them. They all packed their belongings, took their animals and servants, and traveled south. They camped beside an oak tree near the city of Shechem in the land of Canaan.

There the Lord appeared to Abram. "I am going to give this land to your children and their children."

Abram fue a buscar a su esposa, Sarai. "Nos vamos de Harán e iremos a donde el Señor nos guíe."

Lot, el sobrino de Abram, fue con ellos. Todos empacaron sus pertenencias, tomaron sus animales y sirvientes y viajaron hacia el sur. Acamparon al lado de un roble, cerca de la ciudad de Siquem, en la tierra de Canaán.

Children! Abram and Sarai had no children, so God's promise gave Abram hope. He built an altar for worshipping God and called it Bethel, "the house of God."

After a while, a famine came to Canaan. No crops would grow. Abram was so worried about providing food for his family that he moved to Egypt without asking God what to do.

The Egyptian king, Pharaoh, wanted Sarai for himself. Afraid for his life, Abram told the king that Sarai was his sister. God was angry. When Pharaoh learned who Sarai was, he sent her

El Señor se le apareció a Abram allí. "Voy a darle esta tierra a tus hijos y a sus hijos."

¡Hijos! Abram y Sarai no tenían hijos, por lo que la promesa de Dios le dio esperanzas a Abram. Construyó un altar para adorar a Dios y lo llamó Bet-el, "La Casa de Dios."

Después de un poco de tiempo, una hambruna azotó a Canaán. No había cosechas. Abram estaba tan preocupado por darle comida a su familia que se trasladó a Egipto, sin preguntarle a Dios qué podría hacer.

El rey egipcio, Faraón, quería que-

back to Abram.

Abram and Sarai left Egypt and took with them a maid named Hagar to help Sarai.

When Abram and Sarai and Lot and all their servants reached Canaan, they had so many animals there was not enough water or grass to feed them all. Abram's servants began to fight with Lot's servants. Abram and Lot decided they must separate. Though Abram was older and deserved first choice, he asked Lot where he wanted to go. Lot chose the best piece of land. Abram stayed in Canaan.

After Lot went away, the Lord spoke to Abram again. "I am giving all this land to you and your children forever. I will give you so many people in your family that no one will be able to count them all!"

Years passed. Abram and Sarai grew old. Sarai gave up hope in God's promise of children. She told Abram to sleep with her servant, Hagar, and have a son. Abram did what Sarai asked, and Hagar gave birth to Ishmael.

When Abram was 99 years old and Sarai was almost 90, God changed Abram's name to Abraham. God also changed Sarai's name to Sarah. Then God visited them with two angels and told Abraham that Sarah would have a

darse con Sarai. Como temía por su vida, Abram le dijo que Sarai era su hermana. Dios se enojó. Cuando Faraón supo quién era Sarai, se la devolvió a Abram.

Abram y Sarai se fueron de Egipto y se llevaron a una sirvienta que se llamaba Agar para que ayudara a Sarai.

Cuando Abram, Sarai y Lot y sus sirvientes llegaron a Canaán, tenían tantos animales que no había suficiente agua ni pasto para alimentar a todos. Los sirvientes de Abram comenzaron a pelear con los de Lot. Abram y Lot decidieron separarse. Aunque Abram era el mayor y merecía elegir primero, le preguntó a Lot a dónde quería ir. Lot eligió la mejor parte de la tierra. Abram se quedó en Canaán.

Después que Lot se fue, el Señor le habló a Abram otra vez.

"Te daré esta tierra a ti y a tus hijos para siempre. ¡Haré que sean tantos en tu familia que nadie podrá contarlos!"

Los años pasaron. Abram y Sarai envejecieron. Sarai perdió las esperanzas en la promesa de Dios de tener hijos. Le dijo a Abram que se acostara con su sirvienta, Agar, y que tuviera un hijo. Abram hizo lo que Sarai le pidió y Agar dio a luz a Ismael.

Cuando Abram tenía 99 años y

son within a year. Abraham believed, but Sarah laughed silently.

So God told them their son's name would be Isaac, which means "laughter." And so it was, for they laughed with joy when their son was born.

One day Sarah saw Ishmael making fun of little Isaac, and Sarah feared for her son. She went to Abraham and told him to send Ishmael and Hagar away. The Lord told Abraham to listen to Sarah. Isaac was the child God had promised Abraham, and through Isaac blessings would come to the world.

Isaac grew up to be a fine boy. Abraham and Sarah loved him very much. God tested Abraham's faith by telling him to take Isaac to the top of a mountain and give him as an offering to God. So Abraham got up early in the morning, chopped wood, made bundles of food and coals, saddled his donkey, and set out for Mount Moriah with Isaac.

As they walked up the mountain, Isaac said, "We have wood and fire, Father. But where is the lamb for the offering?"

"God will provide a lamb, Son." Abraham believed God would keep His promise of many children through Isaac. If he had to give up his son as an offering, Abraham trusted God to

Sarai tenía casi 90, Dios le cambió el nombre a Abram y le puso Abraham. Dios también le cambió el nombre a Sarai y le puso Sara. Entonces Dios los visitó con dos ángeles y le dijo a Abraham que Sara tendría un hijo dentro de un año. Abraham creyó, pero Sara se rió en silencio. Entonces Dios les dijo que el nombre de su hijo sería Isaac, que quiere decir "risa." Y así fue, porque se rieron de gozo cuando nació su hijo.

Un día, Sara vio que Ismael se burlaba del pequeño Isaac y tuvo miedo por su hijo. Fue a ver a Abraham y le dijo que enviara lejos a Ismael y a Agar. El Señor le dijo a Abraham que escuchara a Sara. Isaac era el hijo que Dios le había prometido a Abraham, y a través de Isaac vendrían las bendiciones para el mundo.

Isaac llegó a ser un buen muchacho. Abraham y Sara lo amaban mucho. Dios probó la fe de Abraham y le dijo que llevara a Isaac a la cima de una montaña y que lo entregara como una ofrenda a Dios. Entonces Abraham se levantó temprano, cortó madera, hizo bultos de comida y leña, ensilló su burro y salió para el Monte Moriah con Isaac.

Cuando caminaban hacia la montaña, Isaac dijo: "Tenemos el

bring Isaac back to life.

When they reached the top of the mountain, Abraham placed the wood on a flat rock and put Isaac on the altar.

As Abraham took out his knife, God told him, "You can lay down the knife, Abraham. For now I know that you truly trust Me. Because you were willing to give your son as an offering to Me, I will bless you. And all the nations of the world will be blessed because you obeyed Me."

Jesus, the Messiah, Savior and Lord of the world, came from Abraham's family many years later. Abraham is called the father of everyone who has faith in God.

Scriptures: Genesis 12–13; 15–18; 21–22; Hebrews 11:17-19

fuego y la leña, padre. Pero ¿dónde está el cordero para la ofrenda?"

"Dios proveerá el cordero para la ofrenda, hijo mío." Abraham creía que Dios mantendría su promesa de muchos hijos a través de Isaac. Si tuviera que dar a su hijo como ofrenda, Abraham confiaba en que Dios resucitaría a Isaac.

Cuando llegaron a la cima de la montaña, Abraham colocó la madera en una roca plana y puso a Isaac sobre el altar.

Cuando Abraham sacaba el cuchillo, Dios le dijo: "Deja el cuchillo, Abraham, pues ahora sé que en realidad confías en mí. Ya que estuviste dispuesto a darme a tu hijo como ofrenda, te bendeciré. Y todas las naciones del mundo serán benditas porque tú me obedeciste."

Jesús, el Mesías, Salvador y Señor del mundo, vino de la familia de Abraham muchos años después. Se dice que Abraham es el padre de todo el que tiene fe en Dios.

Pasajes bíblicos: Génesis 12–13; 15–18; 21–22; Hebreos 11:17-19

Interesting Facts

- Abraham means "father of nations." Sarah means "princess." Their grandson Jacob had many grandchildren of his own. Their families became part of many nations. So Abraham really did become the "father of nations"!
- If there is not enough rain to make crops grow, there will not be enough grain to make bread and other food. Then people die, and we say there is a famine. Famines were common in Bible times because there often was no rain.

Truth from God's Word

God is pleased when we believe what He says and obey Him as Abraham did. Sometimes God has us wait a long time for His promises to come true. He wants us to trust in Him as we wait. Trusting in God is believing that He will do what He says.

Thinking about Abraham

God called Abraham His friend and made him the father of all those who have faith in the one true God. When God said all nations would be blessed through Abraham's family, God was speaking of the Messiah, Jesus Christ, who would save the world from sin. Name some times when Abraham didn't understand everything God was asking him to do. Can you tell about some ways Abraham showed that he trusted God, even when he didn't understand everything?

Thinking about YOUR Life

What are some things that God is asking you to do, but you don't understand why? Which of God's promises to you seem like they will take a long time? How can you show that you trust God to do what He says, no matter how long it takes?

Praying for Help to Trust

1. Pray that God will help you trust Him.
2. Ask for faith to believe that God will always answer your prayers at the right time.
3. Pray that God will help you follow and obey Him, even when you don't understand where He is leading you.

GROWING TIME · TIEMPO PARA CRECER

9

Hechos Interesantes

- Abraham quiere decir "padre de naciones." Sara quiere decir "princesa." Su nieto Jacob tuvo muchos nietos. Sus familias formaron muchas naciones. ¡Entonces Abraham sí se convirtió en el "padre de naciones"!
- Si no hay suficiente lluvia para que crezcan las cosechas, no hay suficiente grano para hacer pan ni otra comida. La gente muere, y decimos que hay hambruna. La hambruna era común en los tiempos bíblicos porque a menudo no llovía.

Verdad de la Palabra de Dios

A Dios le agrada cuando creemos lo que él dice y lo obedecemos, como lo hizo Abraham. A veces Dios hace que esperemos mucho para que se cumplan sus promesas. Quiere que confiemos en él mientras esperamos. Confiar en Dios es creer que hará lo que ha dicho.

Piensa en Abraham

Dios llamó a Abraham su amigo y lo hizo padre de todos los que tienen fe en el único Dios verdadero. Cuando Dios dijo que todas las naciones serían benditas a través de la familia de Abraham, Dios se refería al Mesías, Jesucristo, que salvaría al mundo de pecado. Menciona algunas veces en que Abraham no comprendió todo lo que Dios le pidió que hiciera. ¿Puedes recordar alguna manera en que Abraham demostró que confiaba en Dios, a pesar de que no lo entendía todo?

Piensa en TU Vida

¿Qué cosas te pide Dios que no entiendes por qué te las pide? ¿Qué promesas de Dios parecen que tardarán mucho? ¿Cómo puedes demostrar que confías en que Dios hará lo que dice, sin importar cuánto se tarde?

Ora por Ayuda para Poder Confiar

1. Ora para que Dios te ayude a confiar en él.
2. Pide fe para creer que Dios siempre responderá tus oraciones en el tiempo apropiado.
3. Pídele a Dios que te ayude a seguirlo y a obedecerlo, aunque no entiendas hacia dónde te está guiando.

Hagar

"You belong to Abraham now." Hagar heard those words as she stood in the hall of Pharaoh's palace in Egypt. She and some other Egyptian people were "gifts" to Abraham, along with sheep, cattle, and donkeys. The people would be his servants, so they would do his chores but would not be paid for their work.

Hagar cried as she left her country. She wanted to stay, but as a servant she had no choice where she went. Abraham gave her to his wife, Sarah,

Agar

"Ahora le perteneces a Abraham." Agar escuchó esas palabras cuando estaba parada en el pasillo del palacio de Faraón en Egipto. Ella y otras personas de Egipto eran "regalos" para Abraham, junto con ovejas, ganado y burros. Las personas serían sus sirvientes; trabajarían para él pero no les pagarían por su trabajo.

Agar lloró al salir de su país. Quería

to serve as her personal maid.

When they arrived in Canaan, Hagar watched Abraham worship an unseen God. She found this very strange, because statues of gods stood ever ywhere in her country. How could Abraham worship a god he could not see? Abraham even said he could hear God speak!

quedarse, pero como sirvienta no podía decidir a dónde ir. Abraham se la dio a su esposa, Sara, como su criada personal.

Cuando llegaron a Canaán, Agar vio que Abraham adoraba a un Dios invisible. Le pareció muy extraño, porque en su país había

Abraham's wife, Sarah, cried sometimes, just as Hagar did. And Hagar knew why. Sarah could not have children. One day Sarah surprised Hagar by ordering her to go to Abraham and be like a wife to him. "But if you and my husband have a baby together, the child will be mine."

Hagar obeyed Sarah and soon learned she was going to have a baby. Then she refused to behave like a servant anymore. After all, she was going to have the master's child.

estatuas de dioses en todas partes. ¿Cómo podía Abraham adorar a un dios que no podía ver? ¡Hasta dijo que podía oír a Dios hablar!

La esposa de Abraham, Sara, a veces lloraba, igual que Agar. Y Agar sabía por qué. Sara no podía tener hijos. Un día Sara sorprendió a Agar al ordenarle que fuera donde Abraham y que actuara como su esposa. "Pero si tú y mi esposo tienen un bebé, el niño será mío."

Agar obedeció a Sara y pronto

Sarah became furious. "We will see which of us Abraham loves more!" After Sarah talked to her husband, she began to beat Hagar. Any time Hagar didn't do her work quickly enough, Sarah beat her again. Finally Hagar could not take it anymore and ran away.

The Lord found her drinking water from a desert spring along the road back to Egypt. "Hagar, where are you going?"

Hagar had never heard God speak before. His voice was filled with great power but was also tender and kind.

"I am running away from my mistress."

"Return to Sarah and do what she says. I will give you more people in your family someday than you can count. You will soon give birth to a son. Name him Ishmael, for I have heard how sad you are." (The name means "God hears.")

Hagar learned that Ishmael would be wild like a donkey and would quarrel with his family. But her son would never be a servant!

Hagar went back, content with the way her son's life was going to be. She never expected that God was going to perform a miracle and make it possible for Sarah to have a baby too. Abraham

se dio cuenta de que iba a tener un bebé. Entonces ya no quería ser sirvienta. Después de todo, iba a tener el hijo de su amo.

Sara se puso furiosa. "¡Ya veremos a quién de las dos ama más Abraham!" Después de hablar con su esposo, comenzó a pegarle a Agar. Cada vez que Agar no hacía su trabajo rápidamente, Sara le volvía a pegar. Finalmente, Agar ya no pudo soportarlo más y huyó.

El Señor la encontró bebiendo agua de un manantial en el desierto, en el camino que llevaba a Egipto. "Agar, ¿a dónde vas?"

Agar nunca antes había escuchado a Dios hablar. Su voz estaba llena de gran poder, pero también era suave y amable.

"Estoy huyendo de mi ama."

"Vuelve con Sara y haz lo que ella te diga. Haré que haya tanta gente en tu familia algún día que no podrás contarla. Pronto tendrás un hijo. Lo llamarás Ismael, porque he escuchado lo triste que estás." (El nombre significa "Dios escucha.")

Agar supo que Ismael sería salvaje como un burro y que se pelearía con su familia. ¡Pero su hijo nunca sería un sirviente!

Agar regresó, contenta porque la

was 100, and Sarah was 90 years old! Sarah laughed, and they named the baby Isaac—which means "laughter."

Abraham threw a party when Isaac was ready for solid food. Ishmael watched the two old people with the toddler. He laughed at Isaac and said, "I am Abraham's first son."

Ishmael's mother, Hagar, agreed with him. "You will always be Abraham's first son. Everything that is his will someday belong to you, not Isaac. The master's son will serve you!" Ishmael laughed again.

But the next morning Abraham gave Hagar and Ishmael some food and water. "Go away," he said with tears in his eyes. "And never come back." Abraham knew that God would take care of his son Ishmael, but he also knew that God had special plans for his son Isaac.

Now all her hopes were gone, and Hagar cried harder than she had ever cried before. She and her son wandered in the wilderness until all the food and water were gone. Ishmael was so thirsty he cried until he fell asleep and couldn't wake up.

Hagar left her son under a bush and sat on a rock, sobbing out a prayer to God. "I don't want to watch the boy die!"

vida de su hijo sería distinta. Ella nunca se imaginó que Dios haría un milagro y que Sara tendría también un hijo. ¡Abraham tenía 100 años y Sara 90! Sara se rió, y al bebé le pusieron de nombre Isaac —que quiere decir "risa."

Abraham hizo una fiesta cuando Isaac ya pudo comer sólidos. Ismael observó a los dos ancianos con el bebé. Se rió de Isaac y dijo: "Yo soy el primer hijo de Abraham."

La madre de Ismael, Agar, estuvo de acuerdo. "Siempre serás el primer hijo de Abraham. Todo lo que posee algún día será tuyo, no de Isaac. ¡El hijo del amo te servirá!" Ismael se rió otra vez.

Pero a la mañana siguiente, Abraham les dio a Agar y a Ismael un poco de comida y agua. "Váyanse," les dijo con lágrimas en sus ojos. "Y no vuelvan nunca." Abraham sabía que Dios cuidaría de su hijo Ismael, pero también sabía los planes especiales que él tenía para su hijo Isaac.

Todas sus esperanzas ahora se habían esfumado, y Agar lloró más fuerte que nunca. Ella y su hijo vagaron en el desierto hasta que se les acabó toda la comida. Ismael tenía tanta sed que lloró hasta que se quedó dormido y no podía despertarse.

Agar dejó a su hijo debajo de un arbusto y se sentó en una roca, y le oró a Dios sollozando. "¡No quiero

God spoke. "Hagar, do not be afraid. I have heard Ishmael's cries. Go to him and comfort him, for I will make sure that he and his children and their families grow into a great nation."

When Hagar opened her eyes, she saw a well! She quickly removed the cover, filled her jar with water, and went to her son to give him a drink.

God kept His promise. Ishmael grew up and became very good with a bow and arrows. He married an Egyptian girl and had 12 sons. Their families grew into 12 large tribes scattered throughout the land. And all of them were enemies of Abraham's son Isaac.

Scriptures: Genesis 12:14-20; 16:1-16; 21:6-21; 25:12-18

ver morir al muchacho!"

Dios habló. "Agar, no tengas miedo. He escuchado el llanto de Ismael. Ve con él y consuélalo, porque me aseguraré de que él, sus hijos y sus familias lleguen a ser una gran nación."

Cuando Agar abrió sus ojos, ¡vio un pozo! Rápidamente lo destapó, llenó su jarra con agua y fue a darle de beber a su hijo.

Dios cumplió su promesa. Ismael creció y llegó a ser muy bueno con el arco y la flecha. Se casó con una chica egipcia y tuvo 12 hijos. Su familia se convirtió en 12 tribus esparcidas por toda la tierra. Y todos ellos fueron enemigos del otro hijo de Abraham, Isaac.

Pasajes bíblicos: Génesis 12:14-20; 16:1-16; 21:6-21; 25:12-18

Interesting Facts

- Ishmael and Isaac never got along. Many Arabs today are proud to say they are descendants of Ishmael. Many Jewish people are proud to say they are descendants of Isaac. People from their families in the Middle East are still at war today.

- Did you ever hear the word *surrogate*? When a married couple cannot have children, sometimes they choose another person, called a surrogate, to have a baby for them. This is what Hagar did for Sarah.

Truth from God's Word

Sometimes people find themselves in a bad situation without it being any fault of their own. God is pleased when people keep trusting Him. He wants everyone to have faith that He will turn bad situations into good ones.

Thinking about Hagar

Hagar was a servant who carried Abraham's baby inside her for nine months, knowing that Sarah would take the child when he was born. How do you think Hagar felt about that? What were some of the bad things that happened to her and to her son, Ishmael? How did God take her bad situation and turn it into something good?

Thinking about YOUR Life

As you grow up, your parents and other adults tell you what to do. God expects you to honor these people by obeying them. Sometimes, though, you will feel that you have not been treated well. It is up to you to trust God during this time and obey anyway. Can you think of a time when you were in a bad spot and God turned the situation into something good? What was it? How did you feel after it was over?

Praying about the Hard Times

1. Ask God to help you trust Him, even when you are in a situation that makes you feel sad and lonely.
2. Pray that you will believe God can turn bad situations into good ones.
3. Thank God for some of the good things He has already done for you.

Hechos Interesantes

- Ismael e Isaac nunca se llevaron bien. Muchos árabes ahora se sienten orgullosos de ser descendientes de Ismael. Muchos judíos se sienten orgullosos por ser descendientes de Isaac. La gente de sus familias en el Medio Oriente todavía están en guerra.

- ¿Habías escuchado la palabra *subrogado*? Cuando una pareja de esposos no puede tener hijos, a veces elige a otra persona, llamada una subrogada, para que tenga un hijo para ellos. Agar hizo esto para Sara.

Verdad de la Palabra de Dios

A veces la gente se encuentra en circunstancias difíciles y no es su culpa. Dios se alegra cuando la gente sigue confiando en él. Él quiere que todos tengan fe en que cambiará los tiempos malos en buenos.

Piensa en Agar

Agar fue una sirvienta que tuvo al bebé de Abraham en su vientre por nueve meses sabiendo que Sara tomaría al niño cuando naciera. ¿Cómo crees que se sentía Agar por eso? ¿Cuáles fueron algunas de las cosas malas que les pasaron a ella y a su hijo, Ismael? ¿Cómo hizo Dios que su situación difícil se transformara en algo bueno?

Piensa en TU Vida

A medida que creces, tus padres y otros adultos te dicen qué hacer. Dios espera que los honres obedeciéndolos. Sin embargo, a veces sentirás que no te han tratado bien. De todos modos, depende de ti que confíes en Dios durante este tiempo. ¿Recuerdas alguna vez que estuviste en algún apuro y Dios transformó la situación en algo bueno? Explica cómo fue. ¿Cómo te sentiste cuando todo terminó?

Ora por los Tiempos Difíciles

1. Pídele a Dios que te ayude a confiar en él, aún cuando estés en una situación que te haga sentir triste y solo.
2. Ora para que creas que Dios puede hacer que las circunstancias difíciles cambien.
3. Agradécele a Dios por algunas de las cosas buenas que ya ha hecho por ti.

GROWING TIME
TIEMPO PARA CRECER

Lot's Wife loved living in the city. Life was so much easier than it had been when she and her husband lived in a tent, caring for sheep and cows. Now her husband had a house in town. His servants took care of the flocks of sheep and herds of cattle in the fields outside of town.

A respected leader of the city, Lot sat at the city gates to welcome merchants and give advice to the people. Even more wonderful, Lot and his wife had

A la Esposa de Lot le encantaba vivir en la ciudad. La vida era mucho más fácil que cuando vivían en una tienda, cuidando ovejas y vacas. Ahora su esposo tenía una casa en la ciudad. Sus sirvientes cuidaban los rebaños de ovejas y el ganado en los campos afuera de la ciudad.

Como líder respetado, Lot se sentaba en las puertas de la ciudad para recibir a los mercaderes y aconsejar

arranged a marriage for each of their two daughters. They would marry sons of wealthy families who lived in Sodom. Life could not be better!

One night Lot came home with two handsome strangers. Lot's wife wondered who the men were, because there seemed to be something unusually powerful about them. She washed their feet in welcome and offered them food.

Before the strangers could rest, someone pounded on the door and shouted, "Where are the men who came to spend the night with you? Bring them out so we can do what we want with them." They laughed. "We will treat them as if they are our wives."

Lot's wife shrugged. The city was full of such evil men, but one just had to ignore them to enjoy the other pleasures city life offered. Lot stepped outside. "The men are guests in my house and are under my protection."

The men outside became wild. Someone hit Lot and shoved him aside to pound on the door again. The two guests changed appearance, and Lot's wife knew they were angels! They opened the door. Light flashed. Men screamed. The angels pulled Lot inside and bolted the door. "We're blind!" the men outside cried.

a la gente. Aún mejor, Lot y su esposa habían concertado el matrimonio de sus dos hijas. Se casarían con hijos de familias acomodadas que vivían en Sodoma. ¡La vida no podría ser mejor!

Una noche Lot llegó a casa con dos extraños apuestos. La esposa de Lot se preguntaba quiénes serían, porque parecía que había algo excepcionalmente poderoso en ellos. Ella les lavó los pies al recibirlos y les ofreció comida.

Antes de que los extraños pudieran descansar, alguien llamó a la puerta y gritó: "¿Dónde están los hombres que vinieron a pasar la noche con ustedes? Sáquenlos para que podamos hacer lo que queramos con ellos." Se rieron. "Los trataremos como si fueran nuestras esposas."

La esposa de Lot se encogió de hombros. La ciudad estaba llena de hombres malos, pero había que ignorarlos para disfrutar de los placeres que ofrecía la ciudad. Lot salió. "Los hombres son invitados en mi casa y están bajo mi protección."

Afuera, los hombres se encolerizaron. Uno golpeó a Lot y lo hizo a un lado para golpear la puerta otra vez. Los dos invitados cambiaron de apariencia ¡y la esposa de Lot se dio cuenta de que eran ángeles! Abrieron la puerta y una luz destelló.

"Do you have any other relatives here in the city?" The angels looked angry. "Get them out of this place. The rotten smell of sin has reached the Lord, and He has sent us to destroy the city."

Lot's wife wrung her hands. "What about the young men who plan to marry our daughters?"

Lot went to find them. When he came back, he shook his head. "They laughed at me. They

Los hombres gritaron. Los ángeles metieron a Lot y cerraron la puerta. "¡Estamos ciegos!" gritaban los hombres afuera.

"¿Tienes más parientes en la ciudad?" Los ángeles se veían enojados. "Sácalos de este lugar. El olor podrido del pecado ha llegado al Señor y él nos ha enviado a destruir la ciudad."

La esposa de Lot se retorció las

thought I was joking!"

Early the next morning the angels called out, "Hurry!" This time they would not accept no for an answer. "Take your wife and two daughters and get out of here now, or you will die when the city is destroyed."

Lot's wife clung to him. "We can't

manos. "¿Y qué pasará con los jóvenes que quieren casarse con nuestras hijas?"

Lot salió a buscarlos. Cuando volvió sacudió su cabeza. "Se rieron de mí. ¡Pensaron que estaba bromeando!"

A la mañana siguiente, los ángeles

go. We can't leave all this behind."

God was kind. He had the angels grab Lot by the hand, and Lot's wife and their daughters as well. The angels rushed them outside the city. "Run for your lives! And don't look back!"

They ran as fire came down like rain from heaven.

"My home!" Lot's wife moaned. "All my beautiful clothes! I forgot my jewelry!"

Weeping, Lot's wife turned back. The strong smell of sulfur filled her lungs as fire burned up the city and turned it to black rubble.

It was the last thing Lot's wife saw before she died standing, her body turned into a pillar of salt.

Scriptures: Genesis 13:5-13; 19:1-26

gritaron: "¡Apúrense!" Esta vez no aceptaron un no. "Toma a tu esposa y a tus hijas y sal de aquí ahora, o morirás cuando se destruya la ciudad."

La esposa de Lot se agarró de él. "No podemos irnos. No podemos dejar todo esto."

Dios fue bueno. Hizo que los ángeles tomaran a Lot de la mano, y también a su esposa y a sus hijas. Los ángeles hicieron que salieran corriendo de la ciudad. "¡Salven sus vidas! ¡Y no miren atrás!"

Ellos corrían mientras el fuego descendía como lluvia desde el cielo.

"¡Mi casa!" gemía la esposa de Lot. "¡Toda mi linda ropa! ¡Olvidé mis joyas!"

Llorando, la esposa de Lot miró hacia atrás. El fuerte olor del azufre llenó sus pulmones a medida que el fuego quemaba la ciudad y la convertía en escombros negros.

Fue lo último que vio la esposa de Lot, antes de morir parada cuando su cuerpo se convirtió en una estatua de sal.

Pasajes bíblicos: Génesis 13:5-13; 19:1-26

Interesting Facts

- Salt was used as money long ago. The word *salary* comes from salt, which was sometimes used to pay soldiers.
- You need salt (but not too much) to survive. Salt can help your body cool itself. It can also melt snow and ice!
- There is a Mount Sodom in the country of Israel. It is made of salt. This may be the place where God sent fire to destroy the city of Sodom.

Truth from God's Word

God does not want His children to become evil or worldly. God wants us to be like Him. God gives us the strength to obey Him. He sends us the help we need, just as He sent angels to Lot and his family. However, He will punish those who turn away from Him. We must be willing to accept God's help.

Thinking about Lot's Wife

Lot's wife had the chance to escape from an evil city, and yet she didn't want to leave. She had friends and money there. She didn't have faith that God would give her everything she needed when she and her family moved. What are some things she may have been thinking as she turned to look back at Sodom and Gomorrah? Why do you think God chose to turn her into salt and not stone or something else? (Hint: If salt was used as money, perhaps salt was more important to Lot's wife than God.)

Thinking about YOUR Life

There are often things that God wants us to give up. Sometimes it is really hard to walk away from these things, but we are much happier when we listen to God. Are there any things right now that God wants you to walk away from? What are they? If you choose to follow God, what do you think will happen?

Praying about Avoiding Evil

1. Pray that God will help you walk away from evil things.
2. Ask God to show you how to follow Him and not turn back.
3. Pray for faith to believe God will protect you and your family from evil.

Hechos Interesantes

- La sal se utilizaba como dinero hace muchos años. La palabra salario viene de sal, que a veces se utilizaba para pagarle a los soldados.
- Necesitas sal (pero no mucha) para sobrevivir. La sal puede ayudar a tu cuerpo a refrescarse. ¡También puede derretir la nieve y el hielo!
- Hay un Monte Sodoma en el país de Israel. Está hecho de sal. Ese podría ser el lugar donde Dios envió fuego para destruir la ciudad de Sodoma.

Verdad de la Palabra de Dios

Dios no quiere que sus hijos lleguen a ser malos o mundanos. Dios quiere que seamos como él. Dios nos da la fuerza para obedecerlo. Nos da la ayuda que necesitamos, así como mandó ángeles para Lot y su familia. Sin embargo, castigará a los que se alejen de él. Debemos estar dispuestos a aceptar la ayuda de Dios.

Piensa en la Esposa de Lot

La esposa de Lot tuvo la oportunidad de escapar de una ciudad mala, pero no quería irse. Tenía amigos y dinero allí. No tuvo fe en que Dios le daría todo lo que necesitara cuando ella y su familia se trasladaran. ¿Qué cosas pudo estar pensando cuando se volteó para mirar a Sodoma y Gomorra? ¿Por qué crees que Dios decidió convertirla en sal y no en piedra o en alguna otra cosa? (Pista: Si la sal se utilizaba como dinero, quizás la sal era más importante para la esposa de Lot que Dios.)

Piensa en TU Vida

A menudo Dios quiere que renunciemos a ciertas cosas. A veces es muy difícil apartarse de estas cosas, pero somos mucho más felices cuando escuchamos a Dios. ¿Hay algunas cosas ahora mismo que Dios quiere que dejes? ¿Cuáles son? Si decides seguir a Dios, ¿qué crees que pasará?

Ora para Evitar el Mal

1. Pídele a Dios que te ayude a apartarte de las cosas malas.
2. Pídele a Dios que te muestre cómo seguirlo y a no volver atrás.
3. Pide tener fe para creer que Dios te guardará a ti, y a tu familia, del mal.

GROWING TIME

TIEMPO PARA CRECER

Dinah

"Don't go far from camp, Dinah. It is not safe to make friends with the Canaanites."

"I understand, Mother." She did not intend to go far. But when two girls came and waved to her, she went to visit with them. They seemed very nice. When they said, "Come with us," she did.

She followed until she realized she could no longer see the camp of her father, Jacob. "I can't go any farther."

"The prince of our town thinks you're very pretty. He wants to meet you."

Dina

"No te alejes del campamento, Dina. No es prudente hacerse amigo de los cananeos."

"Comprendo, Madre." Ella no tenía la intención de alejarse. Pero cuando dos chicas llegaron y la saludaron con la mano, ella fue a visitarlas. Parecían simpáticas. Cuando le dijeron: "Ven con nosotras," ella se fue.

Las siguió hasta que se dio cuenta de que ya no podía ver el campamento de su padre, Jacob. "No puedo ir más lejos."

24

Dinah shook her head. "He should come to speak with my father first."

But Prince Shechem was right there. The young women from the town ran off, laughing. Dinah backed away from the prince, but he took hold of her and wouldn't let go. When she tried to scream, he covered her mouth and forced her to the ground. "I'm taking you home with me," he told her.

"El príncipe de nuestra ciudad piensa que eres muy bonita. Quiere conocerte."

Dina sacudió la cabeza. "Él tendría que hablar con mi padre primero."

Pero el príncipe Siquem estaba justo allí. Las chicas de la ciudad se fueron corriendo y riéndose. Dina se apartó del príncipe, pero él la agarró y no dejó que se fuera. Cuando ella intentó

"Let me go to my home!" Dinah sobbed.

"You will be my wife!"

When she tried to get away, he picked her up and carried her, kicking, to where his family and friends were.

They all laughed and said, "The prince has chosen a wife for himself!" The prince took Dinah to his bedroom.

"My father and brothers will find me and take me back home."

He laughed at her. "No, they won't. I've already let them know I'm stronger than any of them by stealing you from right beneath their noses. You're in Shechem now, where I am the prince,

gritar, le tapó la boca y la lanzó al suelo. "Te llevaré a casa conmigo," le dijo.

"¡Déjame ir a mi casa!" dijo Dina sollozando.

"¡Serás mi esposa!"

Cuando ella intentó escaparse, él la levantó y se la llevó, pateando, a donde estaba su familia y sus amigos.

Todos se rieron y dijeron: "¡El príncipe ha elegido esposa!" El príncipe se llevó a Dina a su habitación.

"Mi padre y mis hermanos me encontrarán y me llevarán de vuelta a casa."

Él se burló de ella. "No lo harán.

and you belong to me." He locked her in his room.

Dinah sobbed and pounded on the door, crying out for someone to set her free so she could go home. No one opened the door.

When the prince returned, he told her that her father and her 12 brothers had agreed to let him marry her. But first he and all the men of Shechem would have to go through a ceremony. Then they would be in a lot of pain for a while. Dinah held her head in her hands. She did not want to marry a man who was unkind to her. What sort of husband would he be?

The prince left again. The next time he came back, he was bent over and moaning. "You must take care of me now. Look how I suffer because I love you."

Dinah knew better than to believe what he said. What did he know of love? He had showed her no kindness.

When all the men of Shechem were hurting too much to move, Dinah heard screams in the town. Then she heard her name.

"Dinah!" her brother Levi shouted.

"Dinah, where are you?" her brother Simeon cried out.

"Here!" She was fighting with the prince, who was trying to keep her quiet.

Ya les hice saber que soy más fuerte que cualquiera de ellos al robarte bajo sus narices. Ahora estás en Siquem, donde soy el príncipe, y me perteneces." La encerró con llave en su habitación.

Dina sollozaba y golpeaba la puerta; gritaba para que alguien la liberara y pudiera irse a casa. Nadie abrió la puerta.

Cuando el príncipe regresó le dijo que su padre y sus 12 hermanos habían decidido dejar que se casara con ella. Pero primero él y todos los hombres de Siquem tendrían que practicar una ceremonia y que sentirían mucho dolor por algún tiempo. Dina puso su cabeza en sus manos. No quería casarse con un hombre que no era amable con ella. ¿Qué clase de esposo sería?

El príncipe salió otra vez. Cuando volvió, estaba agachado y se quejaba. "Ahora tienes que cuidarme. Mira cómo estoy sufriendo porque te amo."

Dina era muy lista como para creer lo que decía. ¿Qué sabía él del amor? No le había demostrado nada de bondad.

Cuando todos los hombres de Siquem sentían tanto dolor que no podían moverse, Dina escuchó gritos en la ciudad. Luego oyó su nombre.

"¡Dina!" gritó su hermano Leví.

27

Levi and Simeon burst in and killed the prince with their swords. They grabbed Dinah and hurried her out of town. When they reached the camp, she ran into the arms of her mother, Leah. Her father, Jacob, patted her back and cried with her.

The next morning her father said, "We must move away from this place."

Killing the men of Shechem did not wipe away the terrible thing the prince had done to Dinah. Now no one would ever forget what had happened to her in Shechem. Dinah and her family suffered because of the prince. But the people of Shechem also suffered because of Levi's and Simeon's furious anger.

Scripture: Genesis 34:1-31

☀

"¡Dina! ¿Dónde estás?" gritó su hermano Simeón.

"¡Aquí!" Ella estaba peleando con el príncipe, que intentaba mantenerla callada.

Leví y Simeón irrumpieron y mataron al príncipe con sus espadas. Agarraron a Dina y rápidamente la sacaron de la ciudad. Cuando llegaron al campamento, ella corrió a los brazos de su madre, Lea. Su padre, Jacob, le dio unas palmadas en la espalda y lloró con ella.

A la mañana siguiente, su padre dijo: "Tenemos que irnos de este lugar."

Al matar a los hombres de Siquem no habían borrado lo malo que el príncipe le había hecho a Dina. Ahora nadie olvidaría nunca lo que le había pasado en Siquem. Dina y su familia habían sufrido por el príncipe. Pero la gente de Siquem también sufrió por la ira violenta de Leví y de Simeón.

Pasaje bíblico: Génesis 34:1-31

Interesting Facts

- Dinah was the only girl in Jacob's family, but she had 12 brothers! Big families were common in those days. Boys went to school and learned their fathers' work. Girls stayed home, learning how to be a wife and mother.

- The name Dinah means "judgment." Her name was fitting because judgment came down on the men of Shechem for the way their prince treated Dinah. Judgment came to her family, too, because of what her brothers did.

Truth from God's Word

God provides families to keep us safe. They teach us God's rules and set family rules. God wants us to stay away from dangerous locations. But if we find ourselves in a place where we shouldn't be, God sees us through the hard times we may face there and punishes anyone who tries to hurt us.

Thinking about Dinah

Young women like Dinah were not safe unless they stayed near their families. Dinah's brothers came and killed all the men in Shechem because the prince hurt her. What they did is called revenge. Why do you think God tells us to let him be the one to take revenge for wrongs done to us? How did Dinah's family show love for her when she returned?

Thinking about YOUR Life

Parents and grandparents set rules to protect you. They know that not everyone who seems nice really is. How can you know if someone is trustworthy? What are some places your parents have told you not to go? Why do you think they want you to stay away from there? How might God help you if you find yourself in a place where you didn't intend to be?

Praying for Help to Obey

1. Pray that you will listen to your parents or grandparents so you will know how to stay safe.

2. Ask God to help you obey His rules and laws in the Bible, which are there to protect you.

3. If you ever accidentally find yourself in a dangerous place, pray that God will show you a way to escape.

Hechos Interesantes

- Dina era la única hija de la familia de Jacob, ¡pero tenía 12 hermanos! Las familias grandes eran comunes en aquellos días. Los hijos iban a la escuela y aprendían el trabajo de sus padres. Las hijas se quedaban en casa y aprendían a ser esposas y madres.

- El nombre Dina significa "juicio." Su nombre era apropiado porque los hombres de Siquem tuvieron juicio por la forma en que su príncipe trató a Dina. Su familia tuvo juicio también por lo que hicieron sus hermanos.

Verdad de la Palabra de Dios

Dios da las familias para que estemos a salvo. Nos enseñan las reglas de Dios y ponen reglas de familia. Dios quiere que no nos acerquemos a los lugares peligrosos. Pero si nos encontramos en lugares donde no deberíamos estar, Dios nos cuida en los tiempos difíciles que enfrentamos y castiga a cualquiera que intente hacernos daño.

Piensa en Dina

Las jóvenes como Dina no estaban a salvo a menos que permanecieran cerca de sus familias. Los hermanos de Dina mataron a los hombres de Siquem porque el príncipe la lastimó. Lo que hicieron se llama venganza. ¿Por qué crees que Dios nos dice le dejemos a él la venganza por el mal que nos hayan hecho? ¿Cómo le demostró amor su familia cuando Dina volvió?

Piensa en TU Vida

Los padres y los abuelos establecen reglas para protegerte. Saben que no todo el que parece bueno en realidad lo es. ¿Cómo puedes saber si alguien es de fiar? ¿A qué lugares tus padres te han dicho que no vayas? ¿Por qué crees que ellos quieren que te mantengas lejos de allí? ¿Cómo podría Dios ayudarte si te encuentras en un lugar donde no deberías estar?

Ora Pidiendo Ayuda para Obedecer

1. Ora para que escuches a tus padres o abuelos y para que sepas cómo estar a salvo.

2. Pídele a Dios que te ayude a obedecer sus reglas y leyes en la Biblia, que están allí para protegerte.

3. Si alguna vez te encuentras accidentalmente en un lugar peligroso, pídele a Dios que te muestre la salida.

GROWING TIME
TIEMPO PARA CRECER

Miriam

In all her life, Miriam had never been so angry with her younger brother, Moses. And she was an old woman now, deserving of respect! After all she had done for him, Moses was going to get married to a Cushite woman from Africa? How could he do this to her? She had been quietly upset when he had married Zipporah, who was a foreign woman from Midian. Now she was not going to keep silent.

If it were not for Miriam, Moses would not even be alive! Hadn't she been the one to watch over him as he floated down the Nile River in that basket their mother had made? And when Pharaoh's daughter had found him, who had been the one

Miriam

En toda su vida, Miriam nunca se había enojado tanto con Moisés, su hermano menor. Y ahora era una anciana, ¡digna de respeto! Después de todo lo que había hecho por él, ¿Moisés iba a casarse con una mujer cusita de África? ¿Cómo podía hacerle esto? Ella se había enojado, sin decir nada, cuando se casó con Séfora, quien era una extranjera de Madián. Ahora no se iba a quedar callada.

Si no fuera por Miriam, ¡Moisés no estaría vivo! ¿Acaso no había sido ella quien lo cuidó cuando flotaba en el río Nilo, en aquella canasta que su madre había hecho? Y cuando la hija de Faraón lo encontró, ¿quién fue la que salió del

to come out of hiding? Who had told the Egyptian princess that she would need a woman to nurse the baby? Who had said she knew a woman who could do that? She had! Because Miriam had been so brave, Pharaoh's daughter had even paid their mother to take care of Moses!

When Moses had come back to Egypt after 40 years of hiding in Midian because he had murdered an Egyptian, who had welcomed him? Miriam had! Who had encouraged everyone to listen to everything her brother said? She had! And who had

escondite? ¿Quién le dijo a la princesa egipcia que necesitaría de una mujer que lo amamantara? ¿Quién le dijo que conocía a una mujer que podía hacerlo? ¡Ella! Debido a que Miriam había sido tan valiente, ¡la hija de Faraón hasta le pagó a su madre para que cuidara a Moisés!

Cuando Moisés volvió a Egipto, después de estar escondido 40 años en Madián por matar a un egipcio, ¿quién lo había recibido? ¡Miriam! ¿Quién había animado a todos para que escucharan todo lo que decía su hermano? ¡Ella! ¿Y quién había

led the women in playing tambourines and singing songs of praise after Moses had led all the people across the Red Sea? She had!

Moses was an old man now. She was not going to watch her brother make a fool of himself and her. She was as much a leader among the people as Moses was!

Miriam went to her other brother, Aaron. She knew better than to talk about her feelings. He might think she was jealous and not listen to her. She knew how to make him do what she wanted. "Moses is in love with that young Cushite. We must think of the Law. We must think of the people.

llevado a las mujeres tocando panderetas y cantando alabanzas después de que Moisés logró que toda la gente atravesara el Mar Rojo? ¡Ella!

Moisés ahora era un anciano. Ella no iba a permitir que su hermano hiciera el ridículo, ni ella. ¡Ella era tan líder entre la gente como Moisés!

Miriam fue a ver a su otro hermano, Aarón. Sabía que no debía hablar de sus sentimientos. Él podría pensar que estaba celosa y no la escucharía. Sabía cómo hacer que él hiciera lo que quería. "Moisés se enamoró de esa joven cusita. Debemos pensar en la Ley. Debemos pensar en el pueblo. La mujer no es de nuestro pueblo, Aarón.

The woman is not one of our people, Aaron. It doesn't matter if she believes in God! She's a foreigner from Africa. A foreigner! It's a sin for Moses to marry her, and we must speak out against it. Besides, you are his older brother. You are the one who should lead the people."

Soon both Miriam and Aaron were saying bad things about their brother—things like, "Moses isn't the only leader. We're good leaders too. We can tell everyone what God has said just as Moses does." People overheard them speaking. It did not take long before the entire camp buzzed with gossip.

The Lord called for Moses, Miriam, and Aaron to appear before Him. Miriam was certain the Lord would take her side. Hadn't she been a good helper for God from the time she was a little girl? He would know she was a better leader than her younger brother.

But the Lord was furious! "Who are you to say bad things about the man I have chosen to lead Israel?"

Miriam couldn't believe God's words. And now what was happening? Her body felt strange to her. When she looked at Aaron, she saw the fear on his face. "Your skin is covered with white spots," he said. "You have leprosy!"

¡No importa si cree en Dios! Es una extranjera del África. ¡Una extranjera! Es pecado que Moisés se case con ella, y tenemos que hablar en contra de eso. Además, tú eres su hermano mayor. Tú eres quien debería guiar a la gente."

Pronto Miriam y Aarón comenzaron a decir cosas malas de su hermano, cosas como: "Moisés no es el único líder. Nosotros también somos buenos líderes. Podemos decirle a todos lo que Dios ha dicho, igual que Moisés." La gente oyó lo que decían. En poco tiempo todo el campamento zumbaba de chismes.

El Señor pidió que Moisés, Miriam y Aarón se presentaran ante él. Miriam estaba segura de que el Señor estaría de su lado. ¿Acaso no había sido una buena ayudante de Dios desde que era niña? Él sabría que ella era mejor líder que su hermano menor.

¡Pero el Señor estaba furioso! "¿Quiénes son ustedes para hablar mal del hombre que he elegido para que guíe a Israel?"

Miriam no podía creer las palabras de Dios. ¿Qué estaba pasando ahora? Sentía el cuerpo algo raro. Cuando miró a Aarón, su cara expresaba miedo. "Tu piel está llena de manchas blancas," dijo. "¡Tienes lepra!"

Ella miró sus manos y lloró. ¡Iba a morir de una terrible enfermedad!

She looked at her hands and cried. She was going to die of a terrible disease!

Aaron fell to his knees and cried out to his brother, "Oh, my lord! Please don't punish us for our sin. We should not have spoken against you, Moses. Please make our sister well!"

Moses prayed for Miriam. He begged God to heal her. Miriam covered her face with shame over the terrible things she had said about her brother.

The Lord did heal her, but He told her she must live outside the camp for seven days. She did a lot of thinking during that time. Before the seven days were up, she knew how wrong she had been.

When Miriam came back to the camp, she went straight to Moses and his wife. "I was wrong to say bad things about you. I am very sorry." Moses and the Cushite woman forgave her, and both were happy to call her their sister again.

Miriam never spoke another word against Moses.

Scriptures: Exodus 2:1-21; 15:20-21; Numbers 12:1-16; 20:1

Aaron cayó de rodillas y le rogó a su hermano: "¡Ay, señor! Por favor no nos castigues por nuestro pecado. No debimos hablar mal de ti, Moisés. ¡Sana a nuestra hermana!"

Moisés oró por Miriam. Le suplicó a Dios que la sanara. Miriam se cubrió la cara de vergüenza por las cosas horribles que había dicho de su hermano.

El Señor sí la sanó, pero le dijo que tenía que vivir afuera del campamento por siete días. Ella pensó mucho en ese tiempo. Antes de que se cumplieran los siete días, ella entendió lo mala que había sido.

Cuando Miriam volvió al campamento, se fue directamente a ver a Moisés y a su esposa. "Me equivoqué al hablar mal de ustedes. Lo siento mucho." Moisés y la mujer cusita la perdonaron y ambos se alegraron de volver a llamarla su hermana.

Miriam nunca más dijo una palabra en contra de Moisés.

Pasajes bíblicos: Éxodo 2:1-21; 15:20-21; Números 12:1-16; 20:1

Interesting Facts

- In Bible times there was no cure for leprosy. White spots went down deep into the skin. Fingers and toes would fall off because people could not feel those parts of their bodies. They would often bump their hands and feet or burn them. Some forms of leprosy exist today in places like India and Africa. But now there is medicine for it.

- Cushites were from the family of Cush, who was the son of Ham and grandson of Noah. They lived in Ethiopia, a country in Africa. More than 80 languages are spoken there!

Truth from God's Word

God chooses our leaders. He wants us to respect them, especially when they are members of our family. He doesn't want us to say bad things about them or act as if we are more important than they are.

Thinking about Miriam

When God made Moses a leader, Miriam was not kind to her younger brother. She acted as if she thought God didn't know what He was doing. She got her other brother, Aaron, and other people mad at Moses. What did God say and do that shows how angry He was with Miriam? Do you think God wanted her to die? How did He answer Moses' prayers?

Thinking about YOUR Life

Gossiping is saying unkind things about someone when the person isn't around. It always leads to trouble. Think of a time when someone gossiped about you. How did it make you feel? If we gossip about our leaders and question what they are doing when they are following God, it is like saying we don't believe God knows what He is doing. How does God feel when you don't believe He has chosen good leaders?

Praying about Having Respect

1. Pray that God will show you how to respect the leaders He has given you.

2. Ask God to help you not to gossip or say bad things about anyone, especially your leaders.

3. Pray that you will not be jealous of those God has chosen to be the leaders in your family.

Hechos Interesantes

- En tiempos bíblicos no había cura para la lepra. Las manchas blancas se metían entre la piel. Los dedos de las manos y los pies se caían porque la gente no podía sentir esas partes de sus cuerpos. A menudo se golpeaban las manos y los pies o se quemaban. Todavía existen clases de lepra en lugares como India y África. Pero ahora hay medicina para curarla.

- Los cusitas eran de la familia de Cus, hijo de Ham y nieto de Noé. Vivían en Etiopía, un país de África. ¡Allí se hablan más de 80 idiomas!

Verdad de la Palabra de Dios

Dios elige a nuestros líderes. Él quiere que los respetemos, especialmente cuando son miembros de nuestra familia. Él no quiere que hablemos mal de ellos o que actuemos como si fuéramos más importantes que ellos.

Piensa en Miriam

Cuando Dios hizo líder a Moisés, Miriam no fue amable con su hermano menor. Ella actuó como si pensara que Dios no sabía lo que estaba haciendo. Hizo que su otro hermano, Aarón, y otra gente se enojaran con Moisés. ¿Qué dijo e hizo Dios que demuestra lo enojado que estaba con Miriam? ¿Crees que Dios quería que ella muriera? ¿Cómo respondió las oraciones de Moisés?

Piensa en TU Vida

Chismorrear es decir cosas desagradables de alguien cuando la persona no está. Casi siempre crea problemas. Piensa de alguna vez cuando alguien contó chismes de ti. ¿Cómo te hizo sentir? Si contamos chismes de nuestros líderes y cuestionamos lo que hacen cuando siguen a Dios, es como decir que no creemos que Dios sabe lo que hace. ¿Cómo se siente Dios cuando no crees que él ha elegido buenos líderes?

Ora para Tener Respeto

1. Pídele a Dios que te enseñe a respetar a los líderes que te ha dado.

2. Pídele a Dios que te ayude a no murmurar y a no hablar mal de nadie, especialmente de tus líderes.

3. Ora para que no tengas celos de los que Dios ha elegido como líderes de tu familia.

Caleb

The first time the Israelites came near Canaan, Moses asked one leader from each of the 12 tribes to go and see how wonderful the Promised Land was. Caleb was the one who was picked to go from the tribe of Judah.

Caleb

La primera vez que los israelitas se acercaron a Canaán, Moisés le pidió a un líder de cada una de las 12 tribus que fuera a ver lo maravillosa que era la Tierra Prometida. Caleb fue el elegido de la tribu de Judá.

When Caleb and the other spies went into Canaan, they found bunches of grapes so big that they needed a pole and two men to carry them!

Cuando Caleb y los demás espías entraron a Canaán, ¡encontraron ramos de uvas tan grandes que necesitaron de un palo y dos hombres para cargarlos!

Caleb's friend Joshua was as excited as he was. They returned with fruit from the land.

They told Moses and the other Israelites, "The land is so rich it seems to flow with milk and honey, just as the Lord said!"

But the 10 other spies were afraid. They didn't want to go back to Canaan.

"The people are strong! They are giants! We felt as small as grasshoppers next to them. They live in cities with thick walls around them! We will all be killed if we try to take the land."

Caleb tried to encourage the people. "The Lord promised us the land! God does not break His promises. We should do what God said. We should go take the land! With God on our side, we do not need to be afraid."

But the people would not believe. They became so angry with Caleb and Joshua for insisting they go into the land that they wanted to kill them!

That is when God came to their rescue and appeared to the people. God spoke to Moses, who reported God's words to the Israelites.

Josué, el amigo de Caleb, estaba tan emocionado como él. Volvieron con frutos de la tierra.

Les dijeron a Moisés y a los demás israelitas: "La tierra es tan rica que parece que fluye leche y miel, ¡como lo dijo el Señor!"

Pero los otros 10 espías tenían miedo. No querían volver a Canaán.

"¡La gente es fuerte! ¡Son gigantes! Nos sentimos tan pequeños como langostas al lado de ellos. ¡Viven en ciudades con paredes gruesas alrededor! Nos matarán a todos si intentamos tomar la tierra."

Caleb intentó animar a la gente. "¡El Señor nos prometió la tierra! Dios no rompe sus promesas. Debemos hacer lo que Dios dijo. ¡Tenemos que ir a tomar la tierra! Con Dios de nuestro lado, no debemos tener miedo."

Pero la gente no creía. Se enojaron tanto con Caleb y Josué por insistir que entraran a la tierra ¡que querían matarlos!

Entonces Dios llegó a rescatarlos presentándose ante la gente. Dios habló con Moisés, quien informó a los israelitas lo que le dijo.

"Because you didn't believe what I said, you will spend the rest of your lives in the desert. After all of you die, Caleb and Joshua will take your children into the land you would not enter. I will let Caleb and Joshua do this because they are the only ones who trusted Me."

Scripture: Numbers 13:1–14:35

"Porque no creyeron lo que dije, pasarán el resto de sus vidas en el desierto. Después de que hayan muerto, Caleb y Josué llevarán a sus hijos a la tierra en la que ustedes no quisieron entrar. Permitiré que Caleb y Josué hagan esto porque son los únicos que confiaron en mí."

Pasaje bíblico: Números 13:1–14:35

Interesting Facts

- The name Caleb means "dog." At the time when the Bible was written, dogs were not pets. They ran wild, eating other animals. Caleb's name fit him because he was bold and brave.
- There really were giants living in the land of Canaan. Goliath, the giant David killed years later (see 1 Samuel 17) may have been one of their descendants. Caleb trusted God to keep him safe from the giants. Many people name their sons Caleb, hoping they will have faith like Caleb did.

Truth from God's Word

When God promises to do something for us, He always keeps His promise. But He expects us to do the work needed to receive all that He has planned for us. He doesn't want us to be afraid, even if others are.

Thinking about Caleb

Twelve spies went into the Promised Land. Two said, "Let's go!" And 10 said, "No!" Caleb and his friend Joshua were the two who stood alone against all the people of Israel. How do you suppose Caleb and Joshua felt when they found themselves in the minority? What do Caleb's words and actions tell you about his friendship with God? If you had been a spy, do you think you would have been afraid, or would you have agreed with Caleb and Joshua? Why?

Thinking about YOUR Life

It takes courage to believe God will keep His promises when people around you don't believe. It may be hard to stand against them and do what God wants you to do, but God promises to be with you. Is there something that is frightening you right now? How can you be like Caleb? How might God help you get rid of your fears?

Praying for Courage

1. Pray for courage to be like Caleb whenever you are afraid to trust God and do what He wants.
2. Ask God to help you trust Him to take care of any giant problems you are facing.
3. Pray that God will help you follow Him wherever He wants you to go and do whatever He wants you to do.

Hechos Interesantes

- El nombre Caleb significa "perro." Cuando la Biblia fue escrita, los perros no eran mascotas. Eran salvajes y comían otros animales. El nombre de Caleb le sentaba bien porque era audaz y valiente.
- Realmente había gigantes en la tierra de Canaán. Goliat, el gigante que David mató unos años después (ver 1 Samuel 17), pudo haber sido uno de sus descendientes. Caleb confiaba en que Dios lo guardaría de los gigantes. Mucha gente le pone Caleb a sus hijos esperando que tengan la fe que tuvo Caleb.

Verdad de la Palabra de Dios

Dios siempre cumple su promesa cuando ha prometido hacer algo por nosotros. Pero espera que hagamos lo necesario para recibir todo lo que él tiene para nosotros. No quiere que seamos miedosos, aunque los demás sí lo sean.

Piensa en Caleb

Doce espías entraron a la Tierra Prometida. Dos dijeron: "¡Vayamos!" Y 10 dijeron: "¡No!" Caleb y su amigo Josué fueron los dos que se enfrentaron a todo el pueblo de Israel. ¿Cómo crees que Caleb y Josué se sintieron cuando se encontraron en la minoría? ¿Qué te dicen las palabras y acciones de Caleb de su amistad con Dios? Si hubieras sido un espía, ¿crees que habrías tenido miedo, o habrías estado de acuerdo con Caleb y Josué? ¿Por qué?

Piensa en TU Vida

Se necesita de valor para creer que Dios cumplirá sus promesas cuando la gente que te rodea no cree. Puede ser difícil enfrentarse a ellos y hacer lo que Dios quiere que hagas, pero Dios promete estar contigo. ¿Hay algo que te asusta ahora mismo? ¿Cómo puedes ser como Caleb? ¿Cómo podría ayudarte Dios a deshacerte de tus temores?

Ora Pidiendo Valor

1. Ora pidiendo valor para ser como Caleb, cuando tengas miedo de confiar en Dios y hacer lo que él quiere.
2. Pídele a Dios que te ayude a confiar en él para que se encargue de cualquier problema gigante que enfrentes.
3. Pídele a Dios que te ayude a seguirlo a donde él quiera que vayas y con lo que él quiere que hagas.

GROWING TIME

TIEMPO PARA CRECER

Balaam

"Great Prophet, we come from Midian and Moab in the name of King Balak to seek your help." The dusty soldiers bowed their faces to the ground.

Balaam looked at the carved boxes full of money to pay for his services. "Stand and tell me why you've come."

"King Balak has heard that those you bless are blessed and those you curse are doomed. A huge crowd of people has arrived from Egypt. King Balak fears that they will harm him and his people. The king asks that

Balaam

"Gran Profeta, venimos de Madián y Moab en nombre del rey Balac a pedir tu ayuda." Los soldados polvorientos inclinaron sus cabezas.

Balaam miró las cajas talladas, llenas de dinero, para pagarle por su servicio. "Levántense y díganme por qué han venido."

"El rey Balac se ha enterado de que a los que tú bendices son bendecidos y a los que maldices son malditos. Una gran multitud ha llegado de Egipto.

you come and curse them so that bad things will happen to them. Then perhaps King Balak will be able to drive them from his land."

The Israelites! Balaam had heard stories about these people and their God, who had opened the Red Sea so that they could walk across on dry land. He was afraid of the Israelites, but he was more afraid of their God.

El rey Balac teme que lo dañen a él y a su pueblo. El rey pide que vayas y los maldigas para que les pasen cosas malas. Entonces tal vez el rey Balac podrá sacarlos de su tierra."

¡Los israelitas! Balaam había escuchado historias de ese pueblo y su Dios, que había abierto el Mar Rojo para que pudieran atravesarlo por tierra seca. Tenía miedo de los

Balaam looked at the money boxes. He thought of everything he could buy. "Stay here overnight," he told King Balak's soldiers. "In the morning I will tell you whatever the Lord directs me to say."

That night, God spoke to Balaam. "Do not go with these men. You are not to curse the Israelites, for I have blessed them!"

Balaam was upset because he would love to have had the money the men brought. However, he did not dare go against God. The next morning, he told the men so. Balaam watched the soldiers load the money boxes on their camels and ride away.

The king of Moab sent more soldiers! "King Balak said he will pay you well and do anything you ask of him if you will curse the people of Israel."

Balaam thought about what he could buy with all that money, but then he thought about what God had said. "Even if King Balak were to give me a palace filled with silver and gold, I am not able to do anything against God. But stay here one more night to see if the Lord has anything else to say to me." Balaam hoped God would change His mind. After all, a man had to make a living, didn't he?

"Since these men have come for you," God said that night, "get up and

israelitas, pero le tenía más miedo a su Dios.

Balaam miró las cajas de dinero. Pensó en todo lo que podría comprar. "Pasen aquí la noche," les dijo a los soldados del rey Balac. "En la mañana les diré lo que el Señor me indique que les diga."

Esa noche, Dios le habló a Balaam. "No vayas con estos hombres. No debes maldecir a los israelitas, ¡porque yo los he bendecido!"

Balaam estaba disgustado porque quería el dinero que los hombres llevaron. Sin embargo, no se atrevió a ir en contra de Dios. A la mañana siguiente, habló con los hombres. Balaam miró a los hombres cargar las cajas de dinero en sus camellos e irse.

¡El rey de Moab envió más soldados! "El rey Balac dice que te pagará bien y que hará cualquier cosa que le pidas si maldices al pueblo de Israel."

Balaam pensó en lo que podría comprar con todo ese dinero, pero después pensó en lo que Dios había dicho. "Aunque el rey Balac me diera un palacio lleno de oro y plata, no puedo hacer nada en contra de Dios. Pero quédense otra noche para ver si el Señor tiene algo más que decirme." Balaam esperaba que Dios cambiara de opinión. Después de todo, un

go with them. But be sure to do only what I tell you to do."

Balaam could not have been more pleased. He got on his donkey and set off, eager to curse the Israelites so that he could earn the money King Balak had offered. But God was upset with Balaam.

As the prophet rode along, his donkey suddenly left the road and ran down into a field. "Whoa!" Balaam shouted, "Whoa, you stupid animal!"

The soldiers laughed.

Balaam was angry because the donkey had made him look foolish.

hombre tenía que ganarse la vida, ¿verdad?

"Ya que estos hombres vinieron por ti," le dijo Dios esa noche, "levántate y vete con ellos. Pero asegúrate de hacer sólo lo que yo te diga."

Balaam no podía estar más contento. Se subió a su burro y se fue, dispuesto a maldecir a los israelitas para ganarse el dinero que el rey Balac le había ofrecido. Pero Dios estaba enfadado con Balaam.

Cuando el profeta iba montado, de repente su burro se salió del camino y corrió por un campo. "¡So!" gritó Balaam.

He beat the donkey with his walking stick. "Get back up on the road, you stupid beast!"

The donkey moved so tightly along the wall between the road and the field that Balaam's foot scraped against the wall and was crushed. "Move over!" Balaam beat his donkey again,

"¡So, animal tonto!"

Los soldados se reían.

Balaam estaba enojado porque el burro lo había hecho quedar en ridículo. Golpeó al burro con su bastón. "¡Vuelve al camino, bestia tonta!"

El burro caminó tan pegado a la pared que estaba entre el camino

harder than before.

The donkey began to shake beneath him. When the donkey lay on the ground, more people laughed.

Balaam was so angry he climbed off and beat his donkey a third time.

The donkey cried out at the blows and then looked at Balaam with sad eyes. "What have I done to make you want to beat me three times?"

Balaam shouted. "If I had a sword, I would kill you!"

"But I am the donkey you always ride. Have I ever done anything like this before?"

"No." And then Balaam thought to himself, *A donkey doesn't speak!* Balaam's anger turned to fear as he looked up and saw someone wonderful but terrifying on the road, his hand holding a sword up high. Balaam let out a scream and bowed before the angel of the Lord.

"Why did you beat your donkey three times?" the angel asked.

Balaam was too terrified to answer.

"I have come to stop you, Balaam, because I am not pleased with what you are doing. Three times the donkey saw me and tried to get away!"

"I have sinned!" Balaam said. "I did not see you standing in the road. Do you want me to go back home?"

"Go with these men, but you may

y el campo que el pie de Balaam se rozó con la pared y quedó prensado. "¡Muévete!" Balaam golpeó al burro otra vez, más duro que antes.

El burro comenzó a temblar por debajo de él. Cuando el burro se acostó en el suelo, más gente se rió.

Balaam estaba tan enojado que se bajó y golpeó a su burro por tercera vez.

El burro gritaba por los golpes y después miró a Balaam con los ojos tristes. "¿Qué he hecho para que quieras golpearme tres veces?"

Balaam gritó. "¡Si tuviera una espada, te mataría!"

"Pero yo soy el burro que siempre montas. ¿He hecho algo como esto antes?"

"No." Entonces Balaam pensó: *¡Un burro no habla!* La ira de Balaam se convirtió en miedo cuando levantó la cabeza y vio a alguien maravilloso, pero aterrador, en el camino, que tenía en su mano una espada levantada. Balaam gritó y se inclinó ante el ángel del Señor.

"¿Por qué golpeaste a tu burro tres veces?" preguntó el ángel.

Balaam tenía demasiado miedo como para responder.

"He venido a detenerte, Balaam, porque no estoy contento con lo que

say only what I tell you to say."

King Balak was waiting for him. Balaam told the king to build seven altars and give offerings to God. The king did so while Balaam went to the top of a hill. God came there and said, "Go back to Balak and tell him what I told you."

Balaam went to the king. "You brought me here, King Balak, to curse the Israelites, but how can I curse those God has blessed? All I can do is what God tells me to do!"

The king still did not give up. "You can curse some of the people at least." But Balaam would not do it.

King Balak was very angry. "Go back home!" he shouted. "I had planned to give you a lot of money. But you chose to listen to God, so you won't get it."

Scripture: Numbers 22:1–24:11

☀

estás haciendo. ¡Tres veces me vio el burro y trató de escaparse!"

"¡He pecado!" dijo Balaam. "No vi que estabas parado en el camino. ¿Quieres que regrese a casa?"

"Vete con estos hombres, pero sólo puedes decir lo que yo te diga que digas."

El rey Balac estaba esperándolo. Balaam le dijo al rey que construyera siete altares y que diera ofrendas a Dios. El rey lo hizo mientras Balaam subía a la cima de una montaña. Dios llegó y dijo: "Vuelve a Balac y dile lo que te dije."

Balaam fue a ver al rey. "Tú me trajiste aquí, rey Balac, para que maldijera a los israelitas, pero ¿cómo puedo maldecir a los que Dios ha bendecido? ¡Sólo puedo hacer lo que Dios me diga!"

El rey no se rindió. "Por lo menos puedes maldecir a algunas personas." Pero Balaam no lo haría.

El rey Balac estaba muy enojado. "¡Vuelve a casa!" gritó. "Había planeado darte mucho dinero. Pero tú decidiste escuchar a Dios, por lo que no lo tendrás."

Pasaje bíblico: Números 22:1–24:11

☀

Interesting Facts

- Donkeys are from Africa. They are stronger than horses and live longer. They also don't trip or fall as easily as a horse. Donkeys can walk over rough ground and carry heavy loads. Even though donkeys don't usually talk, God chose to speak to Balaam through his donkey!

- Balaam was not an Israelite and didn't love God like the Israelites did. But he could hear the one true God speak. He obeyed God because he knew that God is powerful. He knew that obeying God was more important than obeying King Balak.

Truth from God's Word

Other people may tempt us to do things that do not please God. But God shows us what is right to do, sometimes by sending an angel or a person who loves God.

Thinking about Balaam

Balaam was promised money to say bad things that would hurt the Israelites. He would have liked to have the money. But God had a different plan. God told Balaam to say kind words that would bless the Israelites. Balaam knew that even if he wanted to curse them (to tell about bad things that were going to happen to them), he could not say anything God did not want him to say. Why did Balaam want to curse the Israelites? Why did he choose to bless them instead?

Thinking about YOUR Life

Have you ever wanted to say mean things about someone to hurt that person? What happens when you choose to say nice things instead? Even though you can't see God or His angels around you, can you think of a time when God may have helped you say or do the right thing?

Praying for God's Help

1. Pray that God will show you which people to listen to when friends tell you to say different things.

2. Thank God for His angels, who watch over you, even though you can't see them.

3. Ask God to help you know how to follow Him, even when you can't see Him.

GROWING TIME

TIEMPO PARA CRECER

49

Hechos Interesantes

- Los burros son de África. Son más fuertes que los caballos y viven más. Tampoco se tropiezan ni se caen tan fácilmente como un caballo. Pueden caminar en terreno desigual y llevar cargas pesadas. Aunque no es usual que los burros hablen, ¡Dios decidió hablarle a Balaam a través de su burro!

- Balaam no era israelita y no amaba a Dios como los israelitas. Pero pudo escuchar hablar al único Dios verdadero. Obedeció a Dios porque sabía que Dios es poderoso. Sabía que obedecer a Dios era más importante que obedecer al rey Balac.

Verdad de la Palabra de Dios

Otras personas podrían tentarnos a hacer lo que no agrada a Dios. Pero Dios nos muestra lo que es correcto hacer, a veces al enviarnos un ángel o una persona que ama a Dios.

Piensa en Balaam

A Balaam le ofrecieron dinero para que dijera cosas malas que harían daño a los israelitas. Le habría gustado tener el dinero. Pero Dios tenía un plan distinto. Dios le dijo a Balaam que dijera cosas buenas que bendecirían a los israelitas. Balaam sabía que aunque quisiera maldecirlos (decir las cosas malas que les pasarían), no podía decir nada que Dios no quisiera que dijera. ¿Por qué Balaam quería maldecir a los israelitas? ¿Por qué decidió bendecirlos en lugar de maldecirlos?

Piensa en TU Vida

¿Alguna vez has querido decir cosas malas de alguien para herir a esa persona? ¿Qué pasa cuando decides decir cosas buenas en lugar de eso? Aunque no puedas ver a Dios ni a sus ángeles que te rodean, ¿puedes pensar de alguna vez cuando quizá Dios te ayudó a decir o hacer lo correcto?

Ora Pidiendo la Ayuda de Dios

1. Pídele a Dios que te muestre a quiénes escuchar cuando los amigos quieran que digas distintas cosas.

2. Agradécele a Dios por sus ángeles, que te cuidan, aunque no puedas verlos.

3. Pídele a Dios que te ayude a saber cómo seguirlo, aunque no puedas verlo.

Daughters of Zelophehad

After 40 long years of wandering in the wilderness, the Israelites finally entered the Promised Land of Canaan. God told the leaders to divide up the land among the 12 tribes of people. Within every tribe, each man received land for his family.

But there was one family in which there was no man to get the land. The father, Zelophehad, had died in the wilderness. He never had a son, but he had five daughters: Mahlah, Noah, Hoglah, Milcah, and Tirzah.

Tirzah, the youngest, cried. "What happens to us now?"

Las Hijas de Zelofehad

Después de 40 largos años de vagar en el desierto, los israelitas finalmente entraron a la Tierra Prometida de Canaán. Dios dijo a los líderes que dividieran la tierra entre las 12 tribus del pueblo. En cada tribu, cada hombre recibió tierra para su familia.

Pero había una familia que no tenía ningún hombre para que recibiera la tierra. El padre, Zelofehad, se había muerto en el desierto. Nunca tuvo un hijo varón, pero tenía cinco hijas: Maala, Noa, Hogla, Milca y Tirsa.

Tirsa, la más pequeña, lloró.

"We have no land—no place to live," Milcah said.

The girls felt sad, but they were also upset. "It is not fair for our father's family to lose his share of land just because he had no son!"

Hoglah sat down, not knowing what to do. "We are no better than slaves among all these free men."

Noah looked at their oldest sister, Mahlah. "What are we going to do?"

"We will talk to Moses. God chose him to be our leader, and God speaks to him. We will ask him for the land that would have belonged to our father if he had lived."

The others were afraid. "Everyone will be against us! You know women are never allowed to inherit land from their father. The inheritance always goes to a man—to a son or brother."

Mahlah stood firm. "Have courage! God always does what is right and fair. Moses will ask God what can be done for us, and we will trust in the Lord. Not once did God leave us alone in the wilderness. Hasn't God always taken care of us?"

"Yes!"

"Then let us go to Moses and have faith that God will take care of us now."

The five young women went to discuss their problem with Moses

"¿Y qué pasará con nosotros?"

"No tenemos tierra —ni un lugar para vivir," dijo Milca.

Las muchachas estaban tristes, pero también estaban enfadadas. "¡No es justo para la familia de nuestro padre perder su porción de tierra sólo porque no tuvo un hijo!"

Hogla se sentó, sin saber qué hacer. "No somos mejor que esclavos entre todos estos hombres libres."

Noa miró a su hermana mayor, Maala. "¿Y qué vamos a hacer?"

"Hablaremos con Moisés. Dios lo eligió líder nuestro y Dios habla con él. Vamos a pedirle la tierra que le habría pertenecido a nuestro padre si hubiera vivido."

Las otras tenían miedo. "¡Todos estarán en contra de nosotras! Tú sabes que a las mujeres nunca se les permite heredar la tierra de su padre. La herencia siempre es para un hombre: hijo o hermano."

Maala permaneció firme. "¡Tengan valor! Dios siempre hace lo correcto y justo. Moisés le preguntará a Dios qué se puede hacer por nosotras y nosotras confiaremos en el Señor. Ni una vez nos dejó Dios solas en el desierto. ¿Acaso no nos ha cuidado siempre?"

"¡Sí!"

"Entonces vamos a ver a Moisés y confiemos en que Dios

and the other leaders. "Our father died in the wilderness without leaving any sons. Why should our family not get land just because he had no sons? Give us the property that belongs to us."

The men were shocked at such a bold request, but Moses went to the Lord and asked Him what to do.

The Lord answered, "The daughters of Zelophehad are right. You must give them, as well as their father's other relatives, an inheritance of land. I want them to have the property that would have been given to their father. And let everyone know that if a man

nos cuidará ahora."

Las cinco jóvenes fueron a discutir su problema con Moisés y los otros líderes. "Nuestro padre murió en el desierto y no dejó ningún hijo. ¿Por qué nuestra familia tiene que quedarse sin tierra sólo porque no hay hijos? Danos la propiedad que nos pertenece."

Los hombres se escandalizaron por esa petición tan audaz, pero Moisés buscó al Señor y le preguntó qué tenía que hacer.

El Señor respondió: "Las hijas de Zelofehad tienen razón. Tienes que

dies and has no sons, everything that was his is to go to his daughters."

Moses went back to the five young women. Everyone in camp gathered to hear what Moses had learned from God. And Moses told them exactly what the Lord had said. No longer would the Israelites be allowed to follow old customs. They were to follow God, who loved and provided for all His people—men and women alike!

darles, así como a los otros parientes de su padre, un herencia de tierra. Quiero que tengan la propiedad que se le habría entregado a su padre. Y que todos sepan que si un hombre muere y no tiene hijos, todo lo que era suyo es de sus hijas."

Moisés volvió a las cinco jóvenes. Todos en el campamento se reunieron para escuchar lo que Moisés había escuchado de Dios. Y Moisés les dijo

Laughing and crying in joy, the girls praised God. They were thankful that God cared about them. And they knew they could always trust God to do what was right.

Some of the people worried that the land might fall into the wrong hands if any of the women married a man who was not from their tribe. So Moses said, "Be certain that each of you marries a man from the tribe of Manasseh. That way the land will stay in your family."

"We will do that," promised Mahlah, Noah, Hoglah, Milcah, and Tirzah. The five daughters followed Moses' instructions, and the land they inherited stayed in their family.

Scriptures: Numbers 27:1-11; 36:1-12; Joshua 17:3-6

exactamente lo que el Señor había dicho. A los israelitas ya no se les permitiría seguir las viejas costumbres. Tenían que seguir a Dios, que amaba y proveía para todo su pueblo —¡hombres y mujeres por igual!

Las muchachas alabaron a Dios con risa y lágrimas de gozo. Estaban agradecidas porque Dios cuidaba de ellas. Y sabían que podían confiar en que Dios siempre haría lo correcto.

Algunas de las personas se preocuparon porque la tierra podía caer en las manos equivocadas, si algunas de las mujeres se casaban con hombres que no fueran de su tribu. Por lo que Moisés dijo: "Asegúrense de casarse con un hombre de la tribu de Manasés. De esa manera, la tierra permanecerá en su familia."

"Lo haremos," prometieron Maala, Noa, Hogla, Milca y Tirsa. Las cinco hijas siguieron las instrucciones de Moisés, y la tierra que heredaron permaneció en su familia.

Pasajes bíblicos: Números 27:1-11; 36:1-12; Josué 17:3-6

Interesting Facts

- Women have not always had the same rights as men. In some countries today, women are still treated poorly. The leaders of those countries need to learn from the Bible how God wants women to be treated.

- Noah can be a name for a man or a woman. As a man's name it means "rest" or "comfort." As a woman's name it means "motion." Noah and her sisters set into motion some new laws for women!

Truth from God's Word

God is fair. He always does what is right for boys and girls, men and women. God will never forget about us, and He will give us the courage to ask for help when we need it.

Thinking about the Daughters of Zelophehad

The five young women felt as if God had forgotten about them after their father died. There was nothing in the laws about passing land from a father to his daughters. The five sisters were worried about asking the leaders to give them the land, but they knew they had to ask those men anyway. Why do you think they were scared? How did God take care of them? What might have happened if they hadn't asked for the land?

Thinking about YOUR Life

God will always provide the things you need. But you may have to ask for help. Have you ever been scared to ask for something you needed? What was it? Did you ask, and if you did, was the answer a yes or a no? Why? (Think about whether you really needed what you asked for.) Don't be afraid to ask for help when you think you are being left out or not getting what you should have.

Praying for Things You Need

1. Ask God to help you believe He will always remember you and take care of you.

2. Pray for courage to ask for the things you need.

3. Ask God to give you wisdom so you'll understand which things you need and which things you would like to have but don't really need.

Hechos Interesantes

- Las mujeres no siempre han tenido los mismos derechos que los hombres. En algunos países ahora, a las mujeres todavía se las trata mal. Los líderes de esos países tienen que aprender de la Biblia cómo Dios quiere que se trate a las mujeres.

- Los nombres de Noa y de Noé son parecidos, pero tienen significados distintos. Noé significa "descanso" o "consuelo." Noa significa "en marcha." ¡Noa y sus hermanas pusieron en marcha unas leyes nuevas para las mujeres!

Verdad de la Palabra de Dios

Dios es justo. Siempre hace lo correcto para niños y niñas, hombres y mujeres. Dios nunca se olvidará de nosotros, y nos dará el valor para pedir ayuda cuando la necesitemos.

Piensa en las Hijas de Zelofehad

Las cinco jóvenes sentían como que Dios se había olvidado de ellas después de que su padre murió. No había nada en las leyes sobre el padre que hereda a sus hijas. A las cinco hermanas les preocupaba pedirle a los líderes que les dieran la tierra, pero sabían que, de todos modos, tenían que pedírselo a esos hombres. ¿Por qué crees que estaban asustadas? ¿Cómo las cuidó Dios? ¿Qué pudo haber pasado si no hubieran pedido la tierra?

Piensa en TU Vida

Dios siempre te dará las cosas que necesitas. Pero quizás tengas que pedir ayuda. ¿Alguna vez has estado asustado por algo que necesitas? ¿Qué era? ¿Pediste? Y si lo hiciste, ¿cuál fue la respuesta, un sí o un no? (Piensa si realmente necesitabas lo que pediste.) No tengas miedo de pedir ayuda cuando pienses que te hacen a un lado o que no recibes lo que deberías tener.

Ora por las Cosas Que Necesitas

1. Pídele a Dios que te ayude a creer que él siempre se acordará de ti y te cuidará.

2. Ora por valor para pedir las cosas que necesitas.

3. Pídele a Dios que te dé sabiduría para que entiendas qué cosas necesitas y qué cosas te gustaría tener, pero que en realidad no necesitas.

Deborah

During the time when the people of Israel were slaves to Canaan's King Jabin, God called a woman to be judge over His people. Her name was Deborah. She lived between the towns of Ramah and Bethel.

Every day Deborah sat under the shade of a palm tree and listened to the Israelite people argue with one another. She would hear both sides of each case. Then she would decide who was right, based on the Law God had

Débora

Durante el tiempo en que el pueblo de Israel fue esclavo del rey Jabín de Canaán, Dios llamó a una mujer para que juzgara a su pueblo. Su nombre era Débora. Ella vivía entre los pueblos de Ramá y Bet-el.

Todos los días, Débora se sentaba a la sombra de una palmera y escuchaba a los israelitas que discutían unos con otros. Escuchaba los dos lados de cada caso y después decidía quién tenía la razón, basada en

given His people. The Israelites trusted her because God had given her great wisdom.

One day God told her to send for Barak, one of the men from her country. Barak came quickly, and Deborah told him, "This is what the Lord wants you to do. Gather 10,000 warriors and bring them to fight at Mount Tabor. God will make sure

la Ley que Dios le había dado a su pueblo. Los israelitas confiaban en ella porque Dios le había dado gran sabiduría.

Un día, Dios le dijo que mandara a buscar a Barac, uno de los hombres de su país. Barac llegó rápidamente y Débora le dijo: "Esto es lo que el Señor quiere que hagas. Reúne a

that Sisera, King Jabin's army commander, comes to the Kishon River. And God will give you victory over him!"

Barak was afraid! Sisera was a powerful man with a huge army. He had tens of thousands of well-equipped and trained soldiers. He also had 900 iron chariots. These heavy horse-drawn carts carried men who could use their bows and arrows to kill more than 10,000 people! Barak did not believe he could win a battle against these fighters. So he said, "I will go, Deborah, but only if you go with me!"

Deborah understood then that

10.000 guerreros y tráelos a pelear al monte de Tabor. Dios se asegurará de que Sísara, el comandante del ejército del rey Jabín, llegue al arroyo de Cisón. ¡Y Dios te dará la victoria!"

¡Barac tenía miedo! Sísara era un hombre poderoso y tenía un gran ejército, decenas de miles de soldados bien equipados y entrenados. También tenía 900 carrozas de hierro. ¡Estas carrozas pesadas, tiradas por caballos, llevaban hombres que podían usar sus arcos y flechas para matar a más de 10.000 personas! Barac no creía que pudiera ganar la batalla en contra de esos luchadores. Por lo que dijo: "Iré,

Barak did not have faith in God. He did not believe God's promise to give Israel success. "I will go with you, Barak," said Deborah. "But you will receive no honor. God will bring victory over Sisera through the work of a woman."

Everyone thought that woman would be Deborah, but there was a surprise ahead!

That very day, Deborah went with Barak. They gathered the 10,000 warriors, and Deborah marched with Barak and the fighting men to Mount Tabor.

When Sisera heard they were coming, he brought his huge army and all his chariots to the Kishon River, just as God said he would. The battle began! But it did not go badly for Barak, as he had expected it would. And it didn't go well for Sisera, as he had expected.

God fought for Israel! He caused Sisera and his men not to know what they were doing. Sisera began to panic! He was so scared that he jumped from his chariot and ran away! Then God helped Barak and Deborah destroy the entire Canaanite army.

A woman named Jael invited Sisera to hide in her tent. When he came inside, she gave him warm milk and

Débora, ¡pero sólo si tú vas conmigo!"

Entonces Débora entendió que Barac no tenía fe en Dios. No creía en la promesa de Dios de darle el éxito a Israel. "Iré contigo, Barac," dijo Débora, "pero no tendrás honor. Dios dará la victoria en contra de Sísara por medio del trabajo de una mujer."

Todos pensaron que esa mujer sería Débora, ¡pero había una sorpresa más adelante!

Ese mismo día, Débora se fue con Barac. Reunieron a los 10.000 guerreros y Débora marchó con Barac y los luchadores hacia el monte de Tabor.

Cuando Sísara escuchó que llegaban, llevó a su gran ejército y todas sus carrozas al arroyo de Cisón, como Dios lo había dicho. ¡Comenzó la batalla! Pero no le fue mal a Barac, como lo esperaba. Y no le fue bien a Sísara, como lo esperaba.

¡Dios peleó por Israel! Hizo que Sísara y sus hombres no supieran lo que estaban haciendo. ¡A Sísara le entró el pánico! ¡Estaba tan asustado que saltó de su carroza y huyó! Entonces Dios ayudó a Barac y a Débora a destruir todo el ejército cananeo.

Una mujer que se llamaba Jael le dijo a Sísara que se escondiera en su tienda. Cuando entró, le dio leche

a blanket so that he would fall asleep. Then she took a hammer and tent peg and killed Sisera.

Now the commander of the enemy army was dead, along with all his soldiers. The war was over! The Israelites would no longer need to worry about the Canaanites, who had made life difficult for them for 20 years. They were free!

Deborah wrote a song about what had happened and sang it to all the people. She gave honor to Jael, singing about how brave she was. Jael had killed the Canaanite army commander and brought the war to an end.

Scripture: Judges 4–5

☀

caliente y una colcha para que se durmiera. Entonces agarró un martillo y una estaca de carpa y mató a Sísara.

El comandante del ejército enemigo ahora estaba muerto, junto con todos sus soldados. ¡La guerra había terminado! Los israelitas ya no tenían que preocuparse por los cananeos, que les habían hecho la vida difícil durante 20 años. ¡Eran libres!

Débora escribió una canción sobre lo que había sucedido y se la cantó a todo el pueblo. Honró a Jael, cantando sobre lo valiente que fue. Jael había matado al comandante del ejército cananeo e hizo que la guerra terminara.

Pasaje bíblico: Jueces 4–5

Interesting Facts

- A chariot is like a cart with two wheels, pulled by two horses. In Bible times, one man would stand at the front of a chariot, directing the horses, and another would have a weapon to fight off enemies. A soldier walking nearby would find it hard to fight against someone in a chariot.
- A tent peg is a huge nail that fastens a tent to the ground. Tent pegs hold a tent in place so it won't fall over.

Truth from God's Word

God chooses leaders who are wise and brave. If they trust Him, they will follow His directions even if they don't understand them, and He will watch over them. God wants everyone to listen to wise leaders and do what they say.

Thinking about Deborah

Deborah had a powerful job. She was a wise judge who settled arguments between the people of her country. She was also a prophet who got messages from God. What message did she give Barak? How did he reply? What might have happened if Deborah had been afraid to go into battle? Why was she so brave? How did Deborah and Jael help the people of Israel?

Thinking about YOUR Life

God has a purpose for you. Maybe He wants you to be a leader some of the time. Much of the time He will want you to be a follower. When God shows you what He would like you to do, you need to be ready to listen and obey. How can you be sure that God is the one who wants you to do these things? (Hint: The Bible shows us how to live.) Name some of your leaders. How can you be a good follower of each leader? When it's your turn to be a leader, how can God make you wise and brave?

Praying about Leading and Following

1. Ask God to help you listen and obey as you follow Him and other leaders He has given you.
2. Pray for your leaders, asking God to make them wise and brave.
3. Pray that you will be wise and brave when God chooses you to be a leader.

Hechos Interesantes

- Una carroza es como una carreta con dos ruedas, tirada por dos caballos. En tiempos bíblicos, un hombre se paraba adelante en la carroza y dirigía los caballos, y otro tenía un arma para pelear con los enemigos. A un soldado que caminara cerca le era difícil pelear con alguien que iba en una carroza.
- Una estaca es un clavo grueso que fija una carpa en el suelo. Las estacas evitan que la carpa se caiga.

Verdad de la Palabra de Dios

Dios elige líderes sabios y valientes. Si confían en él, seguirán sus instrucciones aun si no las entienden y él cuidará de ellos. Dios quiere que todos escuchen a los líderes sabios y que hagan lo que dicen.

Piensa en Débora

Débora tenía un trabajo poderoso. Era una jueza sabia que resolvía peleas entre la gente de su país. También era una profetisa que recibía mensajes de Dios. ¿Qué mensaje le dio a Barac? ¿Cómo respondió él? ¿Qué pudo haber sucedido si Débora hubiera tenido miedo de ir a la batalla? ¿Por qué era tan valiente? ¿Cómo ayudaron Débora y Jael a los israelitas?

Piensa en TU Vida

Dios tiene un propósito para ti. Quizás quiera que seas líder por algún tiempo. La mayor parte del tiempo querrá que seas un seguidor. Cuando Dios te muestre lo que él quiere que hagas, debes estar listo y obedecer. ¿Cómo puedes estar seguro de que Dios es quien quiere que hagas esas cosas? (Pista: La Biblia nos muestra cómo vivir.) Nombra algunos de tus líderes. ¿Cómo puedes ser un buen seguidor de cada líder? Cuando te toque ser líder, ¿cómo puede Dios hacerte sabio y valiente?

Ora por Ser Líder y Seguidor

1. Pídele a Dios que te ayude a escuchar y a obedecer a medida que lo sigues a él y a otros líderes que te ha dado.
2. Ora por tus líderes y pídele a Dios que los haga sabios y valientes.
3. Pídele que seas sabio y valiente cuando Dios te elija como líder.

Gideon worked as fast as he could, pitching wheat into the air to separate the grain from the shell, called the chaff. He needed to finish the work and hide the wheat before the Midianites discovered that the fields had produced a crop. Those people had no mercy! They came in large groups, riding their camels, and took away everything valuable that the Israelites had.

As Gideon worked, he suddenly

Gedeón trabajaba tan rápido como podía; lanzaba el trigo al aire para separar el grano de la cáscara, que se llama cascabillo. Tenía que terminar el trabajo y esconder el trigo antes de que los madianitas se dieran cuenta de que los campos habían producido cosechas. ¡Esa gente no tenía misericordia! Llegaban en grupos grandes, en sus camellos, y se llevaban todo lo valioso que tenían los israelitas.

noticed someone sitting under an oak tree. He didn't know it was the angel of the Lord.

"Mighty hero!" the angel said. "The Lord is with you." Gideon did not understand.

He asked, "Sir, if the Lord is with us, why do the Midianites take everything

Mientras trabajaba, Gedeón de repente se dio cuenta de que alguien estaba sentado debajo de un roble. No sabía que era el ángel del Señor.

"¡Poderoso héroe!" dijo el ángel. "El Señor está contigo." Gedeón no entendió.

Le preguntó: "Señor, si Dios está con

we have?" Gideon looked around, wondering when the enemy would come. He still had a lot of work left to do. "The Lord has left us!"

"I am sending you to rescue Israel," said the angel. Gideon realized now that this must be an angel bringing him a message from the Lord.

"Me?!" Gideon wondered why the Lord would send him. What could he do against an army of Midianite warriors? "My family is the smallest in the country, and I am the least impor-

nosotros, ¿por qué los madianitas se llevan todo lo que tenemos?" Gedeón miraba a su alrededor; se preguntaba cuándo llegaría el enemigo. Todavía tenía mucho trabajo por hacer.

"¡El Señor nos ha abandonado!"

"Yo te envío a rescatar a Israel," dijo el ángel. Entonces Gedeón se dio cuenta de que este tenía que ser un ángel que le llevaba un mensaje del Señor.

"¿A mí?" Gedeón se preguntaba por qué el Señor lo enviaría a él. ¿Qué

tant person among them!"

"I will be with you," the angel said. "And you will destroy all the Midianites."

Gideon shook his head. He did not know anything about fighting. He was a farmer. The Midianites were trained warriors. "Show me a sign that the Lord is saying this to me," Gideon said. "But wait while I go home and make a food offering."

Gideon cooked goat meat, baked fresh bread, and made soup. When he came back, the angel was waiting for him.

"Put the meat and bread on this rock," the angel told him, "and pour the soup over it." After Gideon did this, the angel touched the food with his walking stick, and the food burst into flames! Then the angel disappeared.

Gideon cried out in fear. He understood now that he had seen the Lord, and he had been taught that no one saw the Lord without dying.

"Do not be afraid. You will not die," the Lord said.

Gideon looked around but saw no one. Yet he could hear God's voice. The Lord told Gideon what to do. Gideon was still afraid, but he obeyed.

Gideon destroyed all the idols that had been made for worshipping pretend gods. He built an altar for the

podía hacer él en contra de un ejército de guerreros madianitas? "Mi familia es la más pequeña del país, ¡y yo soy el menos importante entre ellos!"

"Yo estaré contigo," dijo el ángel. "Y tú destruirás a todos los madianitas."

Gedeón sacudió la cabeza. No sabía nada de pelear. Era un agricultor. Los madianitas eran guerreros entrenados. "Dame una señal de que el Señor me está diciendo esto," dijo Gedeón. "Pero espera que vaya a casa y haga una ofrenda de comida."

Gedeón cocinó carne de cabra, horneó pan fresco e hizo una sopa. Cuando volvió, el ángel lo estaba esperando.

"Pon la carne y el pan en esta roca," le dijo el ángel, "y derrama la sopa en ella." Después de que Gedeón hizo eso, el ángel tocó la comida con su bastón, ¡y la comida estalló en llamas! Entonces el ángel desapareció.

Gedeón gritó de miedo. Ahora entendía que había visto a Dios, y a él le habían enseñado que nadie miraba al Señor sin morir.

"No tengas miedo. No morirás," dijo el Señor.

Gedeón miró a su alrededor, pero no vio a nadie. Pero podía oír la voz de Dios. El Señor le dijo qué hacer. Todavía sentía miedo, pero obedeció.

Lord and placed an offering on it.

When God told Gideon it was time to fight the Midianites, Gideon was more afraid than ever. Again he told the Lord, "Give me a sign. I will put a piece of wool outside during the night. If it is wet and the ground is dry in the morning, I will go to war with your help." In the morning, the wool was wet and the ground was dry.

Gideon was still afraid, so he asked God for another sign. "Let the ground be wet, but make the wool dry tomorrow morning." The Lord was very patient with Gideon and did what he asked. Gideon was finally sure that the Lord was with him and would help him win the war.

He called all the men of Israel to be in his army. When they left for war, the Lord told Gideon there were too many men—32,000 of them! God wanted the people to realize that they would win because of His strength, not because of the number of men in their army. He told Gideon to send home all the men who were afraid. So 22,000 left. The Lord said there were still too many men. By the time the Lord finished sending men home, there were only 300 men left to fight against thousands of Midianites!

God helped Gideon know what to do. Gideon told his men to stand on

Gedeón destruyó todos los ídolos que habían hecho para adorar a dioses falsos. Construyó un altar para el Señor y colocó una ofrenda allí.

Cuando Dios le dijo a Gedeón que era hora de pelear en contra de los madianitas, sintió más miedo que nunca. Otra vez le dijo al Señor: "Dame una señal. Pondré un pedazo de lana afuera en la noche. Si está húmedo y el suelo está seco en la mañana, iré a la guerra con tu ayuda." En la mañana, la lana estaba húmeda y el suelo seco.

Gedeón todavía tenía miedo, por lo que le pidió otra señal a Dios. "Que el suelo esté húmedo, pero haz que la lana esté seca mañana por la mañana." El Señor fue muy paciente con Gedeón e hizo lo que le pidió. Finalmente, Gedeón estuvo seguro de que el Señor estaba con él y que lo ayudaría a ganar la guerra.

Llamó a todos los hombres de Israel para que formaran parte de su ejército. Cuando salieron a pelear, el Señor le dijo que eran demasiados: ¡32.000 hombres! Dios quería que la gente se diera cuenta de que ellos ganarían por su fuerza, no por el número de hombres en su ejército. Le dijo a Gedeón que enviara a casa a todos los hombres que tuvieran miedo. Entonces 22.000 se fueron. El Señor dijo que

the hills around the Midianite camp. He said, "Blow your rams' horns and shout! Then break the clay jars with the torches inside. Hold the burning torches high."

When the Midianites heard the horns and shouting and saw the torches burning, they thought a huge army had come against them. They were terrified. They ran in all directions. They even started fighting and killing one another.

After that day, Gideon was considered a great hero in Israel, but it was really God who had won the battle. Gideon told the people, "It is the Lord who will rule over you!"

Scriptures: Judges 6:3–7:22; 8:22-23

todavía eran demasiados. Cuando el Señor terminó de enviar hombres a casa, ¡sólo quedaban 300 para pelear contra miles de madianitas!

Dios ayudó a Gedeón a saber qué hacer. Pidió a sus hombres que se pararan en las colinas que rodeaban el campamento madianita. Les dijo: "¡Toquen sus cuernos de carnero y griten! Después rompan las jarras de barro que tienen antorchas adentro. Levanten las antorchas encendidas."

Cuando los madianitas escucharon los cuernos y los gritos y vieron las antorchas encendidas, pensaron que un gran ejército venía en su contra. Quedaron aterrorizados. Corrieron por todos lados. Hasta comenzaron a pelear entre sí y a matarse.

Después de ese día Gedeón fue considerado un gran héroe en Israel, pero en realidad fue Dios el que ganó la batalla. Gedeón le dijo al pueblo: "¡El Señor es quien los gobernará!"

Pasajes bíblicos: Jueces 6:3–7:22; 8:22-23

Interesting Facts

- People in Israel sometimes ride camels instead of horses. Camels can live in dry areas, such as deserts, where horses would not survive. They can drink up to 20 gallons of water at a time. The water is stored in their blood, not in their humps. A camel's hump stores fat.
- The Midianites were relatives of Moses' first wife, Zipporah, but later became enemies of Israel.

Truth from God's Word

God gives different jobs to different people. Sometimes the work He gives us seems too hard. He is pleased when we trust and obey Him anyway.

Thinking about Gideon

All the Israelites were abused by Midianite thieves who stole their animals and food. But God sent an angel to call just one scared farmer to drive these enemies from the land. Gideon did not believe the angel at first. But God showed Gideon that He was there with him by doing two "woolly" miracles. God knew that Gideon felt he was just a small, not-very-important person who could not do anything big. But when Gideon obeyed God, finally trusting God to help him, how did God help him become useful in a big way?

Thinking about YOUR Life

Have you ever felt afraid to try something? Have you felt too small to help anyone? How can you work with God to do big things?

Praying about Doing God's Will

1. Pray that God will give you the strength to do what He wants—to do His will—even when you feel too small to help.
2. Pray that God will show you how to do what He wants.
3. If you are afraid, ask God to help you do big things for Him anyway.

Hechos Interesantes

- La gente de Israel a veces monta camellos en lugar de caballos. Los camellos pueden vivir en áreas secas, como desiertos, donde los caballos no pueden sobrevivir. Pueden beber hasta 75 litros de agua a la vez. Almacenan el agua en la sangre, no en sus jorobas. La joroba de un camello almacena grasa.
- Los madianitas eran parientes de Séfora, la primera esposa de Moisés, pero después llegaron a ser enemigos de Israel.

Verdad de la Palabra de Dios

Dios da trabajos distintos a gente distinta. A veces el trabajo que nos da parece demasiado difícil. Él se agrada cuando confiamos en él y lo obedecemos, sea lo que sea.

Piensa en Gedeón

Todos los israelitas sufrían abuso de los ladrones madianitas que les robaban sus animales y comida. Pero Dios envió un ángel a designar a sólo un agricultor miedoso para que sacara a esos enemigos de la tierra. Al principio, Gedeón no le creyó. Pero Dios le mostró a Gedeón que él estaba con él al hacer dos milagros con lana. Dios sabía que Gedeón sentía que era una persona pequeña e insignificante y que no podía hacer nada grande. Pero cuando Gedeón obedeció a Dios y finalmente confió en que Dios lo ayudaría, ¿cómo lo ayudó a ser útil en gran manera?

Piensa en TU Vida

¿Alguna vez has tenido miedo de intentar algo? ¿Te has sentido muy pequeño para ayudar a alguien? ¿Cómo puedes trabajar con Dios para hacer cosas grandes?

Ora para que Hagas la Voluntad de Dios

1. Pídele a Dios que te dé fuerzas para hacer lo que él quiere —para hacer su voluntad— aunque te sientas muy pequeño para ayudar.
2. Pídele a Dios que te enseñe a hacer lo que él quiere.
3. Si tienes miedo, pídele a Dios que te ayude a hacer cosas grandes para él, pase lo que pase.

GROWING TIME

TIEMPO PARA CRECER

Naomi

"Can't we stay here in Bethlehem?" Naomi asked her husband. "We have family and friends. Rain will come someday. Then crops will grow again and the famine will end."

"I don't want to wait, Naomi. If we go to Moab now, we can

Noemí

"¿No nos podemos quedar aquí en Belén?" le preguntó Noemí a su esposo. "Tenemos familia y amigos. La lluvia vendrá algún día. Entonces las cosechas crecerán otra vez y se acabará la hambruna."

"No quiero esperar, Noemí.

take plenty with us to have a good life there. But soon there will be very little food to eat in Bethlehem."

But what good would life be without God?

Si vamos a Moab ahora, podemos llevar suficiente con nosotros para vivir bien allá. Pero pronto habrá muy poca comida en Belén."

Naomi worried about their two sons. She knew the Moabites worshipped idols, but Elimelech did not seem to be afraid that his sons would ever do that. So they packed their belongings and moved to Moab. Naomi's husband began a business there.

The years passed, and Naomi never stopped listening for any news from the land of Israel.

She missed her family and friends. She missed going to Jerusalem to worship the Lord. Her sons were growing up and would each need a wife soon. But even though the famine was over, Naomi's husband made no plans to return to Israel.

Then Elimelech died, leaving Naomi alone with her two sons. She tried to talk them into going back to Israel, but they said Moab was their home. What about wives? "We have each chosen our own wife among the girls here."

Naomi was sad, but she liked Orpah and Ruth when she met them. So she treated them as if they were her own daughters. She prayed for them every day and told them all about the Lord. Orpah listened just to be polite, but Ruth wanted to hear every word.

Then something else sad happened to Naomi. Both of her sons became sick and died. "God has left me alone!"

¿Pero qué buena vida tendrían sin Dios? Noemí se preocupaba por sus dos hijos. Sabía que los moabitas adoraban ídolos, pero Elimelec no parecía estar preocupado de que sus hijos alguna vez lo hicieran. Por lo que empacaron sus pertenencias y se fueron a Moab. El esposo de Noemí inició un negocio allá.

Pasaron los años y Noemí nunca dejó de estar pendiente de cualquier noticia de la tierra de Israel.

Extrañaba a su familia y amigos. Extrañaba ir a Jerusalén a adorar al Señor. Sus hijos estaban creciendo y cada uno necesitaría una esposa pronto. Pero aunque la hambruna se había terminado, el esposo de Noemí no tenía planes de volver a Israel.

Entonces Elimelec se murió y dejó sola a Noemí con sus dos hijos. Ella trató de convencerlos para que volvieran a Israel, pero ellos dijeron que Moab era su hogar. ¿Y qué de las esposas? "Ya hemos elegido a nuestras esposas entre las chicas de aquí."

Noemí estaba triste, pero Orfa y Rut le cayeron bien cuando las conoció. Por lo que las trataba como si fueran sus propias hijas.

She had lost everything that was important to her. Naomi had no way to make a living, so she would have to beg for everything she needed to stay alive.

"I'm going home to Bethlehem," Naomi said. At least there, if she starved to death, she would be among her own people.

Ruth put her arms around her mother-in-law. "We'll go with you!" Orpah agreed.

"No! You have families here. Go home to them. They will find a new husband for each of you."

Orpah took Naomi's advice and went home, but Ruth refused to leave Naomi. "I will go where you go. I will stay where you stay. Your people will become my people, and your God will become my God."

Naomi left Moab and returned to Bethlehem, taking Ruth with her. When they arrived, Naomi learned her mother and father and brothers and sisters had all died. Though she had other relatives, she did not ask them for help. And no one offered her any.

Ruth comforted her mother-in-law. "I will go and gather grain that is left over from the fields being harvested. We will have enough to eat for a long time."

Oraba por ellas todos los días y les hablaba del Señor. Orfa escuchaba sólo para ser amable, pero Rut quería escuchar cada palabra.

Pero otra cosa triste le sucedió a Noemí. Sus dos hijos se enfermaron y murieron. "¡Dios me ha dejado sola!" Había perdido todo lo que era importante para ella. Noemí no tenía forma de ganarse la vida, por lo que tendría que mendigar lo que necesitaba para seguir con vida.

"Me voy a casa a Belén," dijo Noemí. Por lo menos allá, si se moriría de hambre, estaría entre su propia gente.

Rut rodeó a su suegra con sus brazos. "¡Iremos contigo!" Orfa estuvo de acuerdo.

"¡No! Ustedes tienen familia aquí. Váyanse con ellos. Ellos les buscarán otro esposo a cada una."

Orfa siguió el consejo de Noemí y se fue a casa, pero Rut no quiso dejar a Noemí. "Iré a donde vayas. Me quedaré donde te quedes. Tu pueblo será mi pueblo y tu Dios será mi Dios."

Noemí se fue de Moab y volvió a Belén, y se llevó a Rut con ella. Cuando llegaron, Noemí se enteró que sus padres, sus hermanos y sus hermanas habían muerto. Aunque tenía otros familiares, no les pidió

"The landowners will not be kind to you, because you are a woman from Moab."

"The Lord our God will protect me and provide what we need."

And the Lord did! The first day Ruth went into the fields, she met Boaz, a wealthy landowner who loved God. He found out who Ruth was and how kind she had been to Naomi. So Boaz treated her kindly.

When Ruth told Naomi about Boaz, Naomi was filled with hope. She could tell that Boaz liked Ruth very much! "He is a relative of my husband, who died. Do exactly what I say, Ruth, and everything will be fine!" She told Ruth to dress in her finest clothes and go to the threshing floor, where the men worked and celebrated the harvest. "Sleep at Boaz's feet and let him know when he awakens that you would be happy to marry him. He will tell you what to do then."

Ruth obeyed.

Boaz happily married Ruth, and they had a son, Obed. Boaz took back Elimelech's land and gave it to Obed. After that, Elimelech's family always had their own property.

Naomi loved her grandson, Obed. She took care of him as if he were her own son. All her friends were happy

ayuda. Y nadie ofreció ayudarla.

Rut consoló a su suegra. "Iré a recoger los granos que sobran de los campos que están cosechando. Tendremos suficiente para comer durante bastante tiempo."

"Los propietarios de las tierras no serán amables contigo, porque tú eres una mujer de Moab."

"El Señor nuestro Dios me cuidará y proveerá lo que necesitamos."

¡Y el Señor lo hizo! El primer día que Rut salió a los campos, conoció a Booz, un hacendado rico que amaba a Dios. Averiguó quién era Rut y lo amable que había sido con Noemí. Entonces la trató amablemente.

Cuando Rut le habló a Noemí de Booz, Noemí tuvo esperanzas. ¡Podía ver que a Booz le gustaba mucho Rut! "Es pariente de mi esposo, que murió. Haz exactamente lo que digo, Rut, ¡y todo saldrá bien!" Le dijo a Rut que se pusiera su mejor ropa y que fuera a la era, donde los hombres trabajaban y celebraban la cosecha. "Duerme a los pies de Booz y cuando despierte hazle ver que te gustaría casarte con él. Entonces él te dirá qué hacer."

Rut obedeció.

Booz se casó felizmente con Rut, y tuvieron un hijo que se llamó

with her. "You have a family again because of Ruth. She is better than seven sons!"

Naomi laughed with joy as she held baby Obed. "God did not forget me." She knew God had given her and Ruth blessings far beyond anything they ever could have expected!

Scripture: The book of Ruth

Obed. Booz recuperó la tierra de Elimelec y se la dio a Obed. Después de eso, la familia de Elimelec siempre tuvo su propiedad.

Noemí amaba a su nieto, Obed. Lo cuidaba como si fuera su propio hijo. Todos sus amigos se alegraron con ella. "Tienes familia otra vez gracias a Rut. ¡Ella es mejor que siete hijos!"

Noemí se rió con alegría mientras acunaba al bebé Obed. "Dios no se olvidó de mí." Sabía que Dios las había bendecido, a ella y a Rut, ¡mucho más de lo que se hubieran imaginado!

Pasaje bíblico: El libro de Rut

Interesting Facts

- A threshing floor is the place where wheat, which can be made into flour, is separated from the chaff or straw, which cannot be eaten. The men who beat the grain to separate it would sleep on the threshing floor because they would work there again in the morning.

- A redeemer is someone who saves you when you can't take care of yourself. This person sets you free, often by taking your place and doing what you can't do yourself. Boaz was a redeemer for Ruth and for Naomi. Jesus is the Great Redeemer. He came to redeem us from our sins.

Truth from God's Word

Sometimes sad things happen to people, even to those who love God. But God always sends someone to comfort and help those who are sad. It is often the last person we would expect.

Thinking about Naomi

Naomi felt as if God had left her all alone because her family had died. But God provided a daughter-in-law named Ruth to comfort and help her. Ruth was from a country where the people did not believe in God, but He became her God. What might have happened to Naomi if she had not let Ruth go back to Israel with her? After Ruth met Boaz, what did Naomi ask Ruth to do? How did Boaz help to save the family of Elimelech?

Thinking about YOUR Life

It may seem at times that God has left you alone, but He never will. He provides for you in ways that you can see and in a lot of ways that you can't see. Have you ever felt sad? Who did God put in your life to comfort you and help you through that? Look at the people around you and think about some ways they helped you when you were sad or needed help.

Praying about Things You Need

1. Thank God for the ways He has always provided for your needs.

2. Ask God to send someone to help you whenever you feel sad.

3. Pray that you will be able to help your family members when they need you.

Hechos Interesantes

- Una era es el lugar donde el trigo, del que puede hacerse pan, se separa de la paja o cascabillo, que no se puede comer. Los hombres que golpeaban el grano para separarlo dormían en la era porque volverían a trabajar allí en la mañana.

- Un redentor es alguien que te salva cuando no puedes hacerte cargo de ti mismo. Esta persona te libera, a menudo al tomar tu lugar y hacer lo que tú no puedes hacer. Booz fue el redentor de Rut y de Noemí. Jesús es el Gran Redentor. Vino a redimirnos de nuestros pecados.

Verdad de la Palabra de Dios

A veces le pasan cosas tristes a la gente, aun a los que aman a Dios. Pero Dios siempre envía a alguien para consolar y ayudar a los que están tristes. A menudo, es la persona que menos esperamos.

Piensa en Noemí

Noemí sentía que Dios la había dejado sola, porque su familia había muerto. Pero Dios le dio una nuera que se llamaba Rut para que la consolara y ayudara. Rut era de un país donde la gente no creía en Dios, pero él llegó a ser su Dios. ¿Qué le habría ocurrido a Noemí si no hubiera dejado que Rut volviera a Israel con ella? Después de que Rut conoció a Booz, ¿qué le dijo Noemí que hiciera? ¿Cómo ayudó Booz a salvar a la familia de Elimelec?

Piensa en TU Vida

A veces podría parecer que Dios te ha dejado solo, pero nunca lo hará. Él te provee de maneras que puedes ver y de muchas maneras que no puedes ver. ¿Alguna vez has estado triste? ¿A quién puso Dios en tu vida para que te consolara y te ayudara? Mira a la gente que te rodea y piensa en algunas formas en que te ayudaron cuando estabas triste o necesitabas ayuda.

Ora por las Cosas Que Necesitas

1. Agradécele a Dios por las formas en que siempre ha provisto para tus necesidades.

2. Pídele a Dios que mande a alguien para que te ayude cuando estás triste.

3. Ora para que puedas ayudar a los miembros de tu familia cuando te necesitan.

GROWING TIME

TIEMPO PARA CRECER

Abigail could hear the party going on. Her husband, Nabal, was drunk again and boasting about the number of sheep and goats he owned. He was a rich man but a foolish one who never gave glory to God for anything! Abigail shook her head and went back to her chores.

One of her husband's shepherds ran toward her. "Mistress! We're in terrible trouble!"

"What's happened?"

"David sent 10 men asking for supplies for his warriors, and Nabal yelled at them. He said unkind things about David and his men. They were kind to us when we were out in the wilderness with our flocks of sheep.

Abigail escuchaba que la fiesta seguía. Su esposo, Nabal, estaba ebrio otra vez y alardeaba de la cantidad de ovejas y cabras que tenía. Era un hombre rico ¡pero era un tonto que nunca le daba la gloria a Dios por nada! Abigail sacudió la cabeza y volvió a sus quehaceres.

Uno de los pastores de su esposo corrió hacia ella. "¡Señora! ¡Tenemos serios problemas!"

"¿Qué pasó?"

"David mandó 10 hombres a pedir provisiones para sus guerreros y Nabal los gritó. Dijo cosas desagradables de David y de sus hombres. Cuando estuvimos en el desierto con nuestros rebaños de ovejas,

Not one animal was lost while they were with us! And now, Nabal shows no thankfulness! We're all afraid David will come to get back at Nabal!"

Abigail knew that men of war often let their anger get out of control, and David had been at war with his enemies for years. Not only that, but the prophet Samuel said that God wanted David to be the next king. That made King Saul very jealous, and now David had to try to stay safe so that Saul could not kill him!

As usual, her husband, Nabal, had spoken without thinking. It was up to her to save her husband and the shepherds.

Abigail thought quickly and called all her servants together. "Hurry! Pack every loaf of bread you can find. Pack wine, meat and grain, raisins and fig cakes, and load the supplies into carts. I will ride out ahead of you and try to stop David from fighting us."

"But he will kill you, Mistress!"

"My life is in God's hands."

David was known for being a man who loved God. It is God's job to correct people for doing what is wrong. But if Abigail was unable to stop him, David might hurt her husband by trying to correct Nabal himself. She had to get David's attention long

ellos fueron buenos con nosotros. ¡Ningún animal se perdió cuando estuvieron con nosotros! ¡Nabal no es agradecido! ¡Tememos que David se vengue de Nabal!"

Abigail sabía que los guerreros a menudo dejaban que su ira se descontrolara, y David había estado en guerra con sus enemigos por años. Y no sólo eso, sino que el profeta Samuel había dicho que Dios quería que David fuera el próximo rey. Eso puso muy celoso al rey Saúl, ¡y ahora David tenía que cuidarse para que Saúl no lo matara!

Como siempre, su esposo, Nabal, había hablado sin pensar. Ahora dependía de ella salvar a su esposo y a los pastores.

Abigail pensó rápidamente y llamó a sus sirvientes. "¡Apúrense! Empaquen todas las hogazas de pan que encuentren, vino, carne, granos, pasas y pan de higo, y pongan las provisiones en carros. Me adelantaré y trataré impedir que David pelee en contra de nosotros."

"¡Pero él la matará, señora!"

"Mi vida está en las manos de Dios."

David era conocido por ser alguien que amaba a Dios. Dios se encarga de corregir a las personas cuando hacen algo malo. Pero si Abigail no podía

enough to talk him out of doing something he would feel bad about later.

David and 400 of his warriors rode toward her. She prayed as she rode her donkey down the middle of the road, blocking David and his army. She knew that in their anger, they could ride right over her!

David stopped and glared at her. There was no smile on his face.

"I am Abigail, the wife of Nabal. Please forgive me." She spoke quickly and from her heart. She took blame for not knowing that David had sent 10 of his men for food and other things

detenerlo, David podría hacerle daño a su esposo al tratar de corregir a Nabal él mismo. Tenía que llamar la atención de David lo suficiente como para convencerlo de no hacer algo de lo que se arrepentiría después.

David y 400 de sus guerreros cabalgaron hacia ella. Ella oraba mientras montaba en su burro en medio del camino, cerrándole el paso a David y a su ejército. ¡Sabía que en su ira podían pasarle por encima!

David se detuvo y la miró. No sonrió.

"Soy Abigail, la esposa de Nabal.

they needed. As the carts rumbled up behind her, she offered David and his men the supplies Nabal had refused to give them. "The Lord has picked you to be our next king. Please do not sin against the Lord our God by trying to get even with Nabal, for he is a foolish man."

David listened to Abigail. Slowly, a smile began to spread across his face. "I thank God that you came here. If you had not been brave enough to come, I would have murdered your husband and every

Por favor perdóname." Hablaba rápidamente y de corazón. Se culpaba por no saber que David había enviado a 10 de sus hombres por comida y otras cosas que necesitaban. A medida que los carros llegaban retumbando detrás de ella, les ofreció a David y a sus hombres las provisiones que Nabal no quiso darles. "El Señor te ha elegido para ser nuestro rey. Por favor no peques en contra del Señor nuestro Dios al intentar vengarte de Nabal, porque es un tonto."

man in your camp."

He accepted the supplies and rode away.

Abigail returned home, glad that David was no longer angry. Nabal was still drunk, so she waited until the next day when he was sober to tell him all that had happened. Then Nabal became so upset that he had a stroke! A few days later, he died.

When David heard, he knew Abigail was now a widow who needed help. Evil men might steal all her husband's property. So he sent some more of his men with a message for Abigail. He said he wanted to marry her.

Abigail said yes! She could not have been happier, because she knew God was giving her a godly husband. One day he would be king!

Scripture: 1 Samuel 25:1-44

☀

82

David escuchó a Abigail. Lentamente, comenzó a sonreír. "Agradezco a Dios porque viniste. Si no hubieras sido tan valiente para venir, yo habría asesinado a tu esposo y a todos los hombres de tu campamento."

Aceptó las provisiones y se fue.

Abigail volvió a casa, contenta porque David ya no estaba enojado. Nabal todavía estaba ebrio, por lo que esperó hasta el día siguiente, cuando estuviera sobrio, para contarle lo que había pasado. ¡Nabal se enfadó tanto que le dio un ataque! Y unos días después se murió.

Cuando David se enteró, supo que ahora Abigail era una viuda que necesitaba ayuda. Hombres malos podrían robarle la propiedad de su esposo. Por lo que envió más de sus hombres con un mensaje a Abigail. Le decía que quería casarse con ella.

¡Abigail aceptó! Estaba muy feliz, porque sabía que Dios le estaba dando un esposo justo. ¡Y algún día sería rey!

Pasaje bíblico: 1 Samuel 25:1-44

Interesting Facts

- When Abigail married David, she was one of three wives. By the time David died, he had at least eight wives. But that was not God's best plan. From the beginning, God said that a marriage is between two people—one man and one woman (see Genesis 2:24). And Jesus said that a husband and wife should stay together as long as they live (see Matthew 5:31-32).

- Nabal lived in an area named Maon, which means "place of sin." Do you think it was named that before or after Nabal?

Truth from God's Word

Sometimes we have to make up for the bad things other people do. God watches over us and helps us to be brave when we try to make things right.

Thinking about Abigail

Abigail took a big risk in going out to meet David. She trusted God to keep her safe, and He did. Abigail hadn't done anything wrong but knew that she was the only one who could make things right. Because she was brave, everyone in her family group was safe. How do you think Abigail felt as she went out to face an entire army by herself?

Thinking about YOUR Life

Although you will probably never have to stand up to an army, there will be times in your life when you will have to stand alone. Was there ever a time when you had to stand up for others who couldn't help themselves? Have you ever had to help keep a friend safe who couldn't see the danger in what he or she was doing? Name other times when your help might be necessary.

Praying about Making Things Right

1. Pray that you will be brave enough to do what is right when others have done something wrong.
2. Ask God to give you the words to say when you have to stand alone and to make you brave so you will say them.
3. Pray that God will open others' ears to hear what He has to say through you.

Hechos Interesantes

- Cuando Abigail se casó con David, era una de tres esposas. Cuando David murió, tenía por lo menos ocho esposas. Pero ese no era el mejor plan de Dios. Desde el principio, Dios dijo que un matrimonio es de dos personas: un hombre y una mujer (ver Génesis 2:24). Y Jesús dijo que el esposo y la esposa deben permanecer juntos mientras vivan (ver Mateo 5:31-32).

- Nabal vivía en un área que se llamaba Maón, que significa "lugar de pecado." ¿Crees que se llamó así antes o después de que viviera Nabal?

Verdad de la Palabra de Dios

A veces tenemos que arreglar las cosas malas que otros han hecho. Dios nos cuida y nos ayuda a ser valientes cuando tratamos de hacer las cosas bien.

Piensa en Abigail

Abigail se arriesgó mucho al ir a encontrarse con David. Confiaba en que Dios la protegería, y él lo hizo. Abigail no había hecho nada malo, pero sabía que era la única que podía arreglar las cosas. Como fue valiente, todos en su familia estuvieron a salvo. ¿Cómo crees que Abigail se sentía cuando fue a enfrentarse sola con todo un ejército?

Piensa en TU Vida

Aunque tal vez nunca tengas que enfrentarte a un ejército, habrá veces en tu vida cuando tendrás que estar solo. ¿Alguna vez tuviste que defender a alguien que no podía defenderse? ¿Alguna vez tuviste que ayudar a alguien que no podía ver el peligro que corría con lo que hacía? Menciona otras veces cuando tu ayuda podría ser necesaria.

Ora por Arreglar las Cosas

1. Ora para que seas lo suficientemente valiente para hacer lo correcto, cuando otros han hecho lo malo.
2. Pídele a Dios que te dé las palabras apropiadas cuando te enfrentas a algo solo y que tengas valor para decirlas.
3. Ora para que Dios abra los oídos de los otros para escuchar lo que él tiene que decir por medio de ti.

Queen of Sheba

The young queen of Sheba wanted more than anything else to know the difference between good and evil so that she could rule her people wisely. But whenever she asked her helpers for advice, she knew they said only what they thought she wanted to hear. She could not learn anything that way! So she listened to all that went on around her, hoping she would learn from her people. But that did not work either. The people wanted their queen to help them be wise.

One day the queen heard some men talking about a king who ruled the distant land of Israel with great wisdom. They were traders who had come to trade perfumes, oils, copper,

La Reina de Sabá

La joven reina de Sabá quería, más que nada en el mundo, conocer la diferencia entre el bien y el mal para poder gobernar sabiamente a su pueblo. Pero cuando pedía consejo a sus ayudantes, sabía que sólo decían lo que pensaban que ella quería oír. ¡Así no podía aprender nada! Entonces escuchaba todo lo que ocurría a su alrededor y esperaba aprender de su pueblo. Pero eso tampoco funcionó. La gente quería que su reina los ayudara a ser sabios.

Un día, escuchó a unos hombres que hablaban de un rey que gobernaba la lejana tierra de Israel con gran sabiduría. Eran comerciantes

and iron for gold and spices. She called for them. "Tell me more about this king of Israel."

They were afraid that the queen was upset. So they bowed their faces to the ground. "We did not mean to say anything that would make you seem less important than King Solomon, your majesty."

"Do not be afraid. I just want to know about this king."

que habían llegado a vender perfumes, aceite, cobre y hierro y a comprar oro y especias. Los llamó. "Háblenme más de este rey de Israel."

Tenían miedo de que la reina estuviera enojada. Inclinaron sus cabezas. "No queríamos decir nada que la hiciera ver menos importante que el rey Salomón, su majestad."

"No tengan miedo. Sólo quiero saber

"He rules Israel," one said.

"He is the greatest man in the world," said the other.

"What makes him so great?" She wanted to know.

"He knows everything! And he is richer than any other king or queen."

The queen of Sheba cared nothing about wealth. She had more than enough money. But she did long to have true wisdom so she would always know the best thing to do. "I would like to meet this king and see for myself if what you say is true!" She ordered her officials to gather a group of men with animals that would carry the best gifts her country had to offer. Then she set off for Jerusalem, the capital city of Israel.

The journey was long and difficult, through land that was rocky, hot, and dry.

When the queen of Sheba arrived, she received a royal welcome at King Solomon's palace. She had never seen such a huge, beautiful place. Even the king's officials drank from golden cups!

King Solomon was everything she had been told he was. When he spoke, everyone listened. He taught about the Lord God of heaven and earth. He talked about the Law this great God had given the Israelites. Solomon knew all about birds and animals. Most of

de este rey."

"Él gobierna en Israel," dijo uno.

"Es el hombre más importante del mundo," dijo otro.

"¿Y qué lo hace tan importante?" Ella quería saber.

"¡Lo sabe todo! Y es más rico que cualquier otro rey o reina."

A la reina de Sabá no le importaban las riquezas. Ella tenía muchísimo dinero. Pero anhelaba tener sabiduría para siempre hacer lo mejor. "¡Me gustaría conocer a este rey y yo misma ver si lo que dicen es cierto!" Ordenó a sus oficiales que reunieran un grupo de hombres con animales que pudieran cargar los mejores regalos que su país podía ofrecer. Después se fue a Jerusalén, la ciudad capital de Israel.

El viaje era largo y difícil, por tierra rocosa, cálida y seca.

Cuando la reina de Sabá llegó, le dieron un recibimiento real en el palacio del rey Salomón. Nunca había visto un palacio tan grande y bello. ¡Hasta los funcionarios del rey bebían en copas de oro!

El rey Salomón era todo lo que le habían dicho que era. Cuando hablaba, todos escuchaban. Enseñaba del Señor, Dios del cielo y de la tierra. Hablaba de la Ley que este gran Dios le había dado a los israelitas. Salomón

all, he understood people. He often spoke in proverbs, and these short sayings were easy to remember.

When the queen of Sheba asked King Solomon many difficult questions about God and how to rule people, King Solomon answered all of them. "To have wisdom, you must first be filled with wonder when you think about God," he told her. "Trust in the Lord with all your heart, and don't count on your own ability to understand things. Let Him direct you, and He will show you what's right to do."

"Truly God has made you the wisest man on earth! Your God is great indeed!"

The queen of Sheba gave King Solomon gold, spices, and jewels, but she knew she had received something greater from him: knowledge of the living God. He was a God she could choose to worship from that day on.

Scripture: 1 Kings 10:1-13; Proverbs 1:7; 3:5-6

☀

sabía todo sobre aves y animales. Y más que nada, entendía a la gente. A menudo hablaba con proverbios y estos dichos cortos eran fáciles de entender.

Cuando la reina de Sabá le hizo al rey Salomón preguntas difíciles acerca de Dios y de cómo gobernar a la gente, el rey Salomón le respondió todas sus preguntas. "Para tener sabiduría, primero debes llenarte de admiración cuando piensas en Dios," le dijo. "Confía en el Señor con todo tu corazón y no en tu habilidad para entender las cosas. Deja que él te guíe y él te indicará lo que tienes que hacer."

"Ciertamente Dios te ha hecho el hombre más sabio de la tierra! ¡Tu Dios es grandioso!"

La reina de Sabá le dio a Salomón oro, especies y joyas, pero sabía que había recibido algo mejor de él: el conocimiento del Dios vivo. Era un Dios al que podía decidir adorar desde ese día.

Pasajes bíblicos: 1 Reyes 10:1-13; Proverbios 1:7; 3:5-6

Interesting Facts

- Sheba was a kingdom probably in what is now Yemen, a country south of Saudi Arabia. Men traveled through the Arabian Desert from Sheba to Israel and farther north. These traders took products to sell and brought back other kinds of goods they bought.

- The queen of Sheba gave King Solomon 120 talents of gold. Today 120 talents is worth more than 50 million dollars. That's a lot of money!

- The spices the queen gave Solomon might have included frankincense and myrrh, which the wise men also gave to Jesus years later. Myrrh can kill bacteria. And frankincense can be made into a black paint.

Truth from God's Word

People who want to be wise must first want to know God and learn to trust Him. God is pleased when people look for a wise person who can teach them about God.

Thinking about the Queen of Sheba

The queen of Sheba wanted wisdom and knowledge from King Solomon. What was the most important thing she learned from Solomon? The queen of Sheba learned all about the God of Israel. Do you think she chose to trust and obey Him? If she did, how would that have helped her become wise?

Thinking about YOUR Life

There are many books you can read to become wise and full of knowledge. The best book to read to get wisdom from God is the Bible. Do you read the Bible regularly? What have you learned from it? Do you know wise people who can help you learn about God and what the Bible says about Him? Who? What have they taught you about trusting and obeying God?

Praying for Wisdom

1. Pray that God will give you the wisdom not only to learn about Him but also to trust and obey Him.

2. Ask God to help you find people who can help you become a wise follower of Him.

3. Pray that God will show you how to share with others the wisdom and knowledge you have about Him.

Hechos Interesantes

- Sabá era probablemente un reino en lo que ahora es Yemen, un país al sur de Arabia Saudita. Los hombres viajaban por el desierto de Arabia desde Sabá a Israel y más al norte. Estos comerciantes llevaban productos para vender y volvían con otra clase de mercancías que compraban.

- La reina de Sabá le dio al Rey Salomón 120 talentos de oro. Ahora 120 talentos valen más de 50 millones de dólares. ¡Es mucho dinero!

- Las especies que la reina le dio a Salomón podrían haber sido incienso y mirra, que los reyes magos también le dieron a Jesús muchos años después. La mirra puede matar bacterias. Y del incienso se puede hacer pintura negra.

GROWING TIME · TIEMPO PARA CRECER

Verdad de la Palabra de Dios

La gente que quiere ser sabia primero debe querer conocer a Dios y aprender a confiar en él. A Dios le gusta que la gente busque una persona sabia que pueda enseñarle de Dios.

Piensa en la Reina de Sabá

La reina de Sabá quería sabiduría y conocimiento del rey Salomón. ¿Qué es lo más importante que aprendió de Salomón? La reina de Sabá aprendió todo del Dios de Israel. ¿Crees que decidió confiar en él y obedecerlo? Si así fue, ¿cómo pudo eso ayudarla a ser sabia?

Piensa en TU Vida

Hay muchos libros que puedes leer para ser sabio y lleno de conocimiento. El mejor libro que ayuda a obtener la sabiduría de Dios es la Biblia. ¿Lees la Biblia regularmente? ¿Qué has aprendido? ¿Conoces gente sabia que puede ayudarte a aprender de Dios y lo que la Biblia dice de él? ¿Quién es? ¿Qué te ha enseñado acerca de confiar en Dios y de obedecerlo?

Ora por Sabiduría

1. Pídele a Dios que te dé sabiduría, no sólo para aprender de él, sino para confiar en él y obedecerlo.

2. Pídele a Dios que te ayude a encontrar gente que te ayude a ser un sabio seguidor de él.

3. Pídele a Dios que te enseñe a compartir con otros la sabiduría y el conocimiento que tienes de él.

Jehoiada, a priest in the Temple of the Lord, saw his wife running toward him with a baby in her arms. "What's wrong, Jehosheba?"

Eyes wide, cheeks streaked with tears, she gasped. "King Ahaziah is dead, and his mother is murdering his sons so she can be the queen!" Jehosheba held the baby close. "I brought Joash here as quickly as I could." She sobbed. "Oh, Jehoiada. The baby's grandmother, Athaliah,

Joiada, un sacerdote del Templo del Señor, vio que su esposa se acercaba corriendo con un bebé en sus brazos. "¿Qué pasa, Josabet?"

Con los ojos bien abiertos y lágrimas que corrían por sus mejillas, dijo jadeando: "¡El rey Ocozías está muerto y su madre está matando a sus hijos para convertirse en la reina!" Josabet abrazó al bebé. "Traje a Joás

is a crazy woman! Can you imagine someone killing all her grandsons to make herself queen? What are we going to do?"

Jehoiada thought quickly. "There is only one thing to do: keep Joash safe.

tan pronto como pude." Sollozó. "Ay, Joiada, la abuela del bebé, Atalía, ¡está loca! ¿Puedes creer que alguien mate a sus nietos para convertirse en la reina? ¿Qué vamos a hacer?"

Joiada pensó rápidamente.

He must be the next king." Jehoiada took the baby inside the Temple and kept him well hidden in a bedroom there.

Joash's wicked grandmother, Athaliah, did make herself queen and ruled over the people. She built temples and made altars where people could worship false gods. She put idols everywhere! She even paid false priests to lead the people away from the Lord!

Jehoiada kept Joash safe. The priest spent hours with the boy every day,

"Sólo podemos hacer una cosa: Mantener a Joás a salvo. Él tiene que ser el próximo rey." Joiada llevó al bebé adentro del Templo y lo tuvo bien escondido en una habitación.

La abuela mala, Atalía, sí se nombró reina y gobernaba al pueblo. Construyó templos e hizo altares donde la gente pudiera adorar dioses falsos. ¡Puso ídolos en todas partes! ¡Hasta les pagó a profetas falsos para que apartaran al pueblo del Señor!

Joiada mantuvo a Joás a salvo.

caring for him and teaching him. He loved Joash as much as if the boy had been his own son. Jehoiada wanted to train the child to be a good king. "You must learn the Law of God, Joash. Love the Lord with all your heart, mind, soul, and strength. God will direct your steps, and you will be able to rule our people wisely."

When Joash was seven years old, Jehoiada called the captains of the army to the Temple. They came quickly because they had great respect for this man of God. Jehoiada told the captains it was time for Joash to become the king.

The captains gathered many leaders. Then Jehoiada brought Joash out to them and said, "Surround Joash." Jehoiada gave the men spears and shields that had belonged to King David. "Keep the true ruler of Judah safe!"

Jehoiada took Joash outside and stood him beside one of the large pillars of the Temple. There he put a crown on Joash and made the seven-year-old boy the king of Judah.

The people cheered and shouted, "Long live the king!"

Jehoiada sent soldiers after Athaliah. Now it was her turn to die for murdering her grandsons. The people tore down the temples to false gods,

El sacerdote pasaba horas con el niño todos los días; lo cuidaba y le enseñaba. Amaba mucho a Joás, como si fuera su hijo. Joiada quería entrenar al niño para que fuera un buen rey. "Tienes que aprender la Ley de Dios, Joás. Ama al Señor con todo tu corazón, mente y alma, y la fortaleza del Señor dirigirá tus pasos, y podrás gobernar nuestro pueblo con sabiduría."

Cuando Joás tenía siete años, Joiada llamó a los capitanes del ejército al Templo. Llegaron rápidamente porque tenían gran respeto por este hombre de Dios. Joiada les dijo que era hora de que Joás se convirtiera en rey.

Los capitanes reunieron a muchos líderes. Entonces Joiada les presentó a Joás y dijo: "Rodeen a Joás." Joiada les dio las lanzas y los escudos que habían pertenecido al rey David. "¡Mantengan a salvo al verdadero gobernante de Judá!"

Joiada sacó a Joás y lo puso al lado de uno de los grandes pilares del Templo. Allí le puso una corona a Joás e hizo rey de Israel al niño de siete años.

La gente vitoreaba y gritaba: "¡Que viva el rey!"

Joiada envió soldados a buscar a Atalía. Ahora era su turno de morir por haber asesinado a sus nietos.

smashed the altars and idols, and killed the priests the queen had hired to lead her people into sin.

For as long as Jehoiada lived, he showed Joash how to be a good king. And as long as Jehoiada lived, King Joash followed the Lord and ruled wisely.

Scriptures: Deuteronomy 6:5; 2 Kings 11–12; 2 Chronicles 22:10-12; 23:1–24:25

☀

La gente destruyó los templos de los dioses falsos, destrozó los altares y los ídolos, y mató a los sacerdotes que la reina había contratado para que hicieran que su pueblo pecara.

Mientras que Joiada vivió, le enseñó a Joás a ser un buen rey. Y mientras que Joiada vivió, el rey Joás siguió al Señor y gobernó sabiamente.

Pasajes bíblicos: Deuteronomio 6:5; 2 Reyes 11–12; 2 Crónicas 22:10-12; 23:1–24:25

☀

Interesting Facts

- After King Joash grew up, he had the Temple repaired. This was the Temple that Solomon had built more than 120 years before Joash became king. It had not been taken care of when evil kings and queens had ruled.

- King Joash forgot the things he had learned about God from Jehoiada after the priest died. The king had Jehoiada's son stoned for telling people that they were sinning against God.

Truth from God's Word

God is pleased when people do what they can to help others learn to follow Him. God wants those who learn to obey Him to keep on obeying, even when their teachers are no longer around. God knows that if we love Him, we will always try to do what He wants.

Thinking about Jehoiada

God planned for Jehoiada to teach and care for the future king. Jehoiada did what God wanted when he raised the child Joash. Why do you think the king stopped following God after Jehoiada died? Do you think that Jehoiada's time with Joash was wasted? Why or why not?

Thinking about YOUR Life

Name some things your parents and teachers have told you that God wants you to do. They want you to do what is right, but they can't always be with you. How do you behave when they aren't around? Do you have any habits you need to break? Who will help you with that? The way you act can change the way others act too. What are some things you can do to show them the right way to live?

Praying about Following God

1. Ask God to help you learn from your parents and teachers how to follow Him.

2. Pray that you will always try to do what is right, even when no one is watching.

3. Thank God for the people who love you and teach you and help keep you safe.

Hechos Interesantes

- Cuando el rey Joás creció, mandó a reparar el Templo. Este era el Templo que Salomón había construido más de 120 años antes de que Joás fuera rey. No lo habían cuidado cuando reyes y reinas malos habían gobernado.

- El rey Joás se olvidó de lo que había aprendido de Dios con Joiada después de que el sacerdote murió. El rey hizo que apedrearan al hijo de Joiada por decirle a la gente que estaba pecando en contra de Dios.

Verdad de la Palabra de Dios

Dios se complace cuando la gente hace lo que puede para ayudar a los demás a aprender a seguirlo. Dios quiere que los que aprendan a obedecerlo sigan obedeciéndolo, aunque sus maestros ya no estén con ellos. Dios sabe que si lo amamos, siempre trataremos de hacer lo que él quiere.

Piensa en Joiada

Dios quería que Joiada le enseñara y cuidara al futuro rey. Joiada hizo lo que Dios quería cuando crió al niño Joás. ¿Por qué crees que el rey dejó de seguir a Dios cuando Joiada murió? ¿Crees que el tiempo de Joiada con Joás se desperdició? ¿Por qué sí, o por qué no?

Piensa en TU Vida

Menciona algunas de las cosas, que tus padres y maestros te han dicho, que Dios quiere que hagas. Ellos quieren que hagas lo correcto, pero no siempre pueden estar contigo. ¿Cómo te comportas cuando no están contigo? ¿Tienes algún hábito que necesitas dejar? ¿Quién te ayudará a hacerlo? La manera en que te comportes puede cambiar la manera en que otros se comporten también. ¿Cuáles son algunas cosas que puedes hacer para mostrarles la forma correcta de vivir?

Ora para que Sigas a Dios

1. Pídele a Dios que te ayude a aprender de tus padres y maestros a seguirlo.

2. Ora para que siempre trates de hacer lo correcto, aunque nadie te esté viendo.

3. Agradécele a Dios por la gente que te ama, te enseña y te ayuda a que estés a salvo.

GROWING TIME

TIEMPO PARA CRECER

Hezekiah became king of Judah around 100 years after Joash had been king. Hezekiah was the best king Judah ever had. He wanted to please the Lord more than anything else. So he broke apart the bronze serpent the people worshipped. He tore down the pagan altars and taught his people to worship only the Lord.

Ezequías se convirtió en el rey de Judá unos 100 años después que Joás fuera el rey. Ezequías fue el mejor rey que jamás tuvo Judá. Él quería agradar a Dios más que cualquier otra cosa. Por lo que destrozó la serpiente de bronce que la gente adoraba. Derrumbó los altares paganos y enseñó a su pueblo

And the Lord was with King Hezekiah. When he fought the powerful Philistines, the Lord helped him win!

But the king of Assyria came to the northern land of Israel and surrounded the city of Samaria. He took many Israelites away as slaves. Then he

a adorar sólo al Señor.

Y el Señor estaba con el rey Ezequías. Cuando peleó con los poderosos filisteos, ¡el Señor lo ayudó a ganar!

Pero el rey de Asiria llegó a la parte norte de Israel y rodeó la ciudad de Samaria. Él se llevó a muchos israelitas como esclavos. Luego dirigió

turned his anger upon Judah, where
Hezekiah ruled, and took all the strong
cities except Jerusalem.

Hoping to make the Assyrian king
go away, King Hezekiah gave him all
the silver and gold from the Temple.
But the greedy Assyrian wanted more!
He ordered his army commander to
take everything! The commander
stood outside Jerusalem's wall and

su ira hacia Judá, donde gobernaba
Ezequías, y tomó todas las ciudades
fuertes, excepto Jerusalén.

Con la esperanza de que el rey de
Asiria se fuera, el rey Ezequías le dio
todo el oro y la plata del Templo. ¡Pero
el codicioso asirio quería más! ¡Ordenó
al comandante de su ejército que se
llevara todo! El comandante estaba
parado afuera del muro de Jerusalén

shouted to the people inside, "Do not believe King Hezekiah when he says the Lord will save you! None of the nations have been able to save themselves from us!"

Though they were afraid, the people obeyed King Hezekiah and stood silent. The king tore his clothes and covered himself with a rough cloth like burlap called sackcloth. He sent some of his leaders to the prophet Isaiah, asking him to pray for the people of Jerusalem.

The leaders came back with this message from Isaiah: "The Lord says that you are not to be afraid. He will take care of the Assyrian king."

But the king of Assyria sent a message to Hezekiah, telling him not to believe God.

Hezekiah went to the Temple and prayed, "God of Israel, You alone are God of all the kingdoms of the earth! We are facing a terrible enemy. Help us, Lord, so that all the kingdoms on earth may know that you alone are God!"

God told Isaiah to tell King Hezekiah, "The king of Assyria and his army will not get into Jerusalem! I, the Lord, will keep the city safe."

y les gritó a los que estaban adentro: "¡No le crean al rey Ezequías cuando dice que el Señor los salvará! ¡Ningún país ha podido salvarse de nosotros!"

Aunque tenía miedo, la gente obedeció al rey Ezequías y se quedó callada. El rey rasgó su ropa y se cubrió con un pedazo de tela áspera, como el cañamazo, que se llama cilicio. Mandó a algunos de sus líderes a ver al profeta Isaías, a pedirle que orara por la gente de Jerusalén.

Los líderes regresaron con este mensaje de Isaías: "El Señor dice que no debes temer. Él se encargará del rey asirio."

Pero el rey de Asiria envió un mensaje a Ezequías diciéndole que no le creyera a Dios.

Ezequías entró al Templo y oró: "Dios de Israel, sólo tú eres el Dios de todos los reinos de la tierra! Enfrentamos a un enemigo terrible. Ayúdanos, Señor, ¡para que todos los reinos de la tierra sepan que sólo tú eres Dios!"

Dios le dijo a Isaías que le dijera al rey Ezequías: "El rey de Asiria y su ejército no entrarán a Jerusalén. Yo, el Señor, mantendré esta ciudad a salvo."

¡Entonces Dios mandó al ángel del Señor a destruir al ejército asirio!

Then God sent the angel of the Lord to destroy the Assyrian army! When the king of Assyria got up in the morning, he found thousands of dead soldiers. Terrified, he rushed back to the city of Nineveh in the land of Assyria. There, two of his own people killed him.

Scriptures: 2 Kings 18–19;
2 Chronicles 29:1-2; 31:1-3; 32:9-23

☀

Cuando el rey de Asiria se levantó en la mañana, encontró a miles de soldados muertos. Aterrorizado, regresó corriendo a la ciudad de Nínive, en la tierra de Asiria. Allí, dos de su propia gente lo mataron.

Pasajes bíblicos: 2 Reyes 18–19;
2 Crónicas 29:1-2; 31:1-3; 32:9-23

☀

Interesting Facts

- When an enemy army surrounds a city, it is called a siege. The enemy will not let the people out to get food or water. They stay until the people inside give up or die.
- Hezekiah built a tunnel under the city of Jerusalem so that the people could always get water, even if they were under siege. His tunnel is still there today. Look up "Hezekiah's tunnel" on the Internet to see pictures of it.

Truth from God's Word

If we want to obey God, we may find we have enemies who try to scare us. But God will give us people to show us He is there to help us. God will also listen to our prayers and help take care of our enemies for us.

Thinking about Hezekiah

King Hezekiah was a wise king. He stood firm and didn't resort to yelling meaningless threats back to his enemies. He listened to what God said and then obeyed Him. Because he listened to God, Hezekiah didn't have to fight the Assyrian army. God did it for him! How do you think Hezekiah felt when the Assyrians were yelling that he was going to die? What are two things Hezekiah did to find out if God was going to help him?

Thinking about YOUR Life

It's easy to get discouraged when people all around us are saying that we will fail. We need to listen to God and not to people who try to frighten us. Have you ever had to walk away from someone who was being mean to you? How did that feel? Even if we have "enemies" who never seem to be quiet, we can choose to do what God wants us to do. How do you keep people from bothering you when they try to scare you?

Praying for Help When You're Afraid

1. Pray that you will stand firm in doing what is right, even if others try to stop you.
2. Ask the Lord to show you that He is on your side.
3. Pray that God will show you a way to escape your enemies when they seem to be all around you.

Hechos Interesantes

- Cuando un ejército enemigo rodea una ciudad se llama sitio. El enemigo no dejará que la gente salga a conseguir comida ni agua. Se quedan hasta que la gente que está adentro se rinde o muere.
- Ezequías construyó un túnel por debajo de la ciudad de Jerusalén para que la gente siempre pudiera conseguir agua, aunque estuvieran bajo sitio. Su túnel todavía está allí. Busca "El túnel de Ezequías" en Internet para ver fotos.

Verdad de la Palabra de Dios

Si queremos obedecer a Dios, podemos descubrir que tenemos enemigos que tratan de asustarnos. Pero Dios nos dará gente que nos muestre que él está allí para ayudarnos. Dios también escuchará nuestras oraciones y se encargará de nuestros enemigos.

Piensa en Ezequías

El rey Ezequías fue un rey sabio. Fue firme y no recurrió a amenazas sin sentido para responder a sus enemigos. Escuchó lo que Dios dijo y lo obedeció. Porque escuchó a Dios, Ezequías no tuvo que pelear contra el ejército asirio. ¡Dios lo hizo por él! ¿Cómo crees que Ezequías se sintió cuando los asirios le gritaban que iba a morir? ¿Cuáles son las dos cosas que Ezequías hizo para averiguar si Dios lo ayudaría?

Piensa en TU Vida

Es fácil desanimarse cuando la gente que nos rodea dice que fracasaremos. Debemos escuchar a Dios y no a la gente que trata de asustarnos. ¿Alguna vez has tenido que apartarte de alguien que ha sido malo contigo? ¿Cómo te sentiste? Aunque tengamos "enemigos" que nunca parecen tranquilizarse, podemos decidir hacer lo que Dios quiere que hagamos. ¿Cómo evitas que la gente te moleste cuando están tratando de asustarte?

Ora por Ayuda Cuando Tengas Miedo

1. Ora para que puedas estar firme al hacer lo correcto, aunque otros traten de detenerte.
2. Pídele al Señor que te muestre que él está a tu lado.
3. Pídele al Señor que te muestre la manera de escapar de tus enemigos, cuando parece que te rodean por todos lados.

GROWING TIME

TIEMPO PARA CRECER

Job

All the angels gathered before the Lord in heaven, even Satan, the angel who had become God's enemy. Satan spoke to God. "Look at the people You created. Not one of them truly worships You!"

"Think about Job," God said. "He does nothing wrong. He worships Me and stays away from evil."

"That's because You have blessed him with a big family and great wealth!" Satan argued. "You have given him everything, from children to land. Take all that away and he will say bad things about You to Your face!"

Job

Todos los ángeles se reunieron ante el Señor en el cielo, hasta Satanás, el ángel que se había convertido en el enemigo de Dios. Satanás habló con Dios. "Mira toda la gente que creaste. ¡Ninguno te adora de verdad!"

"Piensa en Job," dijo Dios. "No hace nada malo. Me adora y se mantiene lejos del mal."

"Eso es porque tú lo has bendecido con una gran familia y gran riqueza!" sostuvo Satanás. "Le has dado todo, desde hijos hasta tierra. ¡Quítale todo y dirá cosas malas de ti en tu cara!"

"Ve a probarlo," dijo Dios.

102

"Go and test him," God said. "Do as you want with him, only do not kill him." Now Satan would learn that a man like Job worships God even when things aren't going well for him.

Satan began making bad things happen to Job. First some men took away all his oxen and donkeys and killed his farm workers. Then fire burned up Job's sheep and shepherds. Robbers stole his camels and killed his servants. Finally, Satan sent a windstorm to crush the house where Job's children were having a party. All 10 of

"Haz lo que quieras con él, sólo que no lo mates." Entonces Satanás se daría cuenta de que un hombre como Job adora a Dios aunque las cosas no salgan bien.

Satanás comenzó a hacer que le sucedieran cosas malas a Job. Primero, unos hombres se llevaron todos sus bueyes y burros y mataron a todos los trabajadores de su hacienda. Después quemaron a las ovejas y a los pastores de Job. Los ladrones se robaron sus camellos y mataron a sus sirvientes. Finalmente, Satanás mandó un vendaval que destruyó la casa

Job's children died—seven boys and three girls!

Crying and tearing his robe, Job bowed his head and prayed. "The Lord gives and the Lord takes away. Blessed be the name of the Lord."

God looked down at Job and told Satan, "You see now that people worship me for who I am, not just to receive blessings from Me. My servant Job is the finest man on earth."

Satan was furious! He yelled at God. "A man will curse You to Your face when he is in pain and wants to die!"

So God let Satan give Job painful boils. These sores covered him from his feet to his head. Job cried in pain. He went outside the city and sat in a garbage dump. When Job still did not curse God, Satan turned Job's wife against him. She felt bad because all her children had died. "Job, how can you still have faith in God? Look how

donde sus hijos tenían una fiesta. Los 10 hijos de Job murieron: ¡siete hombres y tres mujeres!

Job lloró y rasgó su túnica; inclinó su cabeza y oró. "El Señor da y el Señor quita. Bendito sea el nombre del Señor."

Dios miró hacia abajo a Job y le dijo a Satanás: "Ahora ves que la gente me adora por lo que soy, no sólo por recibir mis bendiciones. Mi siervo Job es el mejor hombre que hay en la tierra."

¡Satanás estaba furioso! Le gritó a Dios: "¡Un hombre te maldecirá en la cara cuando tenga dolor y se quiera morir!"

Entonces Dios dejó que Satanás le diera úlceras dolorosas a Job. Estas heridas lo cubrieron de pies a cabeza. Job lloraba del dolor. Salió de la ciudad y se sentó en un basurero. Como Job no maldecía a Dios, Satanás hizo que la esposa se pusiera en contra de él. Ella se sentía mal porque todos sus hijos habían muerto. "Job, ¿cómo puedes seguir confiando en Dios? ¡Mira cómo sufres! ¡Maldice a Dios y muérete!"

Enojado, Job sacudió su cabeza. "¿Aceptaremos sólo las cosas buenas de Dios y no las malas? Aunque Dios me mate, ¡yo confiaré en él!"

Sólo cuatro de los amigos de Job fueron a consolarlo: Bildad, Zofar,

you suffer! Curse God and die!"

Angry, Job shook his head. "Should we accept only good things from God, and not bad? Even if God kills me, I will trust in Him!"

Only four of Job's friends came to comfort him: Bildad, Zophar, Eliphaz, and the youngest, Elihu. For seven days, they said nothing. Then they started to talk . . . and talk . . . and talk. They tried to come up with some reason for Job's suffering.

Bildad told Job he must have sinned. "It is right for you to suffer for something you did wrong!"

Job said he had done nothing wrong.

"Only the guilty suffer," Zophar insisted.

Even Eliphaz lied and said Job had sent people away who needed help.

"God knows I have done no wrong. He will take my side. My Redeemer, who will save me, lives. Someday He will take His place on the earth!"

Elihu, the youngest, tried to make everyone believe he was wiser than the other three friends. He spoke for a long time. At least he felt sorry for Job and talked about how great God is.

All this talk just made Job cry, though, and wish he had never been born. He said God had become his enemy. He didn't know Satan was the

Elifaz y el joven Eliú. Por siete días, no dijeron nada. Entonces comenzaron a hablar . . . y hablar . . . y hablar. Trataron de descubrir alguna razón para el sufrimiento de Job.

Bildad le dijo a Job que tenía que haber pecado. "¡Es bueno que sufras por algo malo que hiciste!"

Job dijo que no había hecho nada malo.

"Sólo los culpables sufren," insistió Zofar.

Elifaz hasta mintió y dijo que Job había despedido a gente que necesitaba ayuda.

"Dios sabe que no he hecho nada malo. Él está a mi lado. Mi Redentor, quien me salvará, vive. Algún día él tomará su lugar en la tierra!"

Eliú, el más joven, trató de hacer creer a todos que era más sabio que los otros tres amigos. Habló por mucho tiempo. Por lo menos se sentía mal por Job y habló de lo grande que es Dios.

Pero tantas palabras sólo hicieron llorar a Job, y deseó no haber nacido nunca. Dijo que Dios ahora era su enemigo. No sabía que Satanás era el que le había ocasionado todo este sufrimiento.

Finalmente, Dios hizo que los cuatro hombres dejaran de hablar. Le hizo una pregunta tras otra a Job. Él tenía que saber que Dios está en control, aun

one who had caused all his suffering.

Finally, God stopped the four men from talking. He asked Job one question after another. Job needed to learn that God is in control, even when people don't understand what is happening.

Job was sorry he had questioned God. "You can do all things, Lord. You are too wonderful for words. Teach me."

Then God told Job's friends, "I am angry with you! Job will pray for you, and I will listen to him. I won't do to you what you deserve!"

After that, God blessed Job by doing many kind things for him. God gave Job twice as many animals as he had before, and many more farm workers and servants. Job and his wife had 10 more children—seven sons and three daughters. Job lived 140 years after everything was given back to him. He saw his sons and daughters grow up and marry. He saw his grandsons and their children and grandchildren grow up!

God had allowed Satan to test Job. And Job had passed his test. He kept his faith in God, no matter what Satan did to him.

Scripture: The book of Job

cuando la gente no entienda lo que sucede.

Job estaba arrepentido por haber cuestionado a Dios. "Puedes hacerlo todo, Señor. Eres demasiado maravilloso para las palabras. Enséñame."

Entonces Dios dijo a los amigos: "¡Estoy enojado con ustedes! Job orará por ustedes, y yo lo escucharé a él. ¡No haré con ustedes lo que merecen!

Después de eso, Dios bendijo a Job y le hizo muchas cosas buenas. Dios le dio a Job el doble de animales que tenía y muchos más trabajadores y sirvientes. Job y su esposa tuvieron otros 10 hijos más: siete hijos y tres hijas. Job vivió 140 años después de que recibió todo otra vez. Vio que sus hijos e hijas crecieran y se casaran. ¡Vio crecer a sus nietos con sus hijos y nietos!

Dios había permitido que Satanás probara a Job. Y Job había pasado la prueba. Él mantuvo su fe en Dios, sin importar lo que Satanás le hiciera.

Pasaje bíblico: El libro de Job

Interesting Facts

- The Bible says that in the first part of his life Job had 7,000 sheep, 3,000 camels, 500 teams of oxen, and 500 donkeys! Can you imagine having that many animals? And after everything Job went through, the Lord blessed him with twice that number of animals!

- Did you know that Satan was once an angel in God's Kingdom? But Satan wanted to be just as important as God. He wanted people to worship him. God could not allow Satan to stay in heaven. So now everyone must decide whether to follow God, who is loving and kind, or Satan, who is evil and unkind.

Truth from God's Word

Sometimes God allows people to suffer so that they will learn to trust Him no matter what happens. Satan wants people to get upset with God and stop worshipping Him. It's important not to listen to Satan.

Thinking about Job

Job didn't know why he was suffering. He only knew that saying bad things about God would not help him. He chose to believe that God loved him and was going to save him someday. Having faith in God can give hope and comfort. How do you think Job felt while he was suffering? How do you think he felt after his suffering was over?

Thinking about YOUR Life

Has anyone ever told you that you were going through a tough time because God was mad at you? Did you think it was true? Why? After reading the story of Job, what are your thoughts about why God sometimes lets people suffer? How can you show Him you trust Him the next time you go through a hard time?

Praying about Being Faithful to God

1. Ask God to help you never stop worshipping Him, even if things aren't going well for you.
2. Pray for wisdom to know that Satan is the enemy.
3. Thank God for always understanding how you feel.
4. Ask God to show you how to be a good friend to others who need to be comforted.

Hechos Interesantes

- La Biblia dice que en la primera parte de su vida, ¡Job tenía 7.000 ovejas, 3.000 camellos, 500 yuntas de bueyes y 500 burros! ¿Puedes imaginar tener tantos animales? Y después de todo lo que Job pasó, ¡el Señor lo bendijo con el doble de esa cantidad de animales!

- ¿Sabías que Satanás una vez fue un ángel en el Reino de Dios? Pero Satanás quería ser tan importante como Dios. Quería que la gente lo adorara. Dios no podía permitir que Satanás se quedara en el cielo. Así que ahora todos deben decidir si siguen a Dios, que es amoroso y bueno, o a Satanás, que es malo y cruel.

Verdad de la Palabra de Dios

A veces Dios permite que la gente sufra para que aprendan a confiar en él, sin importar lo que suceda. Satanás quiere que la gente se enoje con Dios y que deje de adorarlo. Es importante no escuchar a Satanás.

Piensa en Job

Job no sabía por qué estaba sufriendo. Sólo sabía que decir cosas malas de Dios no le ayudaría. Decidió creer que Dios lo amaba e iba a salvarlo algún día. Tener fe en Dios puede dar esperanza y consuelo. ¿Cómo crees que Job se sentía cuando estaba sufriendo? ¿Cómo crees que se sintió cuando terminó su sufrimiento?

Piensa en TU Vida

¿Alguna vez alguien te ha dicho que estás pasando por un tiempo difícil porque Dios está enojado contigo? ¿Crees que era cierto? ¿Por qué? Después de leer la historia de Job, ¿qué piensas de que a veces Dios deje que la gente sufra? ¿Cómo puedes mostrarle que confías en él la próxima vez que pases por un tiempo difícil?

Ora para que Seas Fiel a Dios

1. Pídele a Dios que te ayude a no dejar de adorarlo nunca, aunque las cosas no te estén saliendo bien.
2. Ora por sabiduría para saber que Satanás es el enemigo.
3. Agradécele a Dios por entender siempre cómo te sientes.
4. Pídele a Dios que te enseñe a ser un buen amigo de los que necesitan ser consolados.

Amos was a shepherd who lived in Judah in the town of Tekoa. One day God spoke to him and showed him visions, which were like pictures in his mind. He was awake, but it was as if he were dreaming about what God was going to do to the people in countries surrounding Israel and Judah.

The city of Damascus would be destroyed because of the cruel way their people treated God's people in Gilead. The cities of Gaza and Tyre

Amós era un pastor que vivía en Judá, en el pueblo de Tecoa. Un día Dios le habló y le mostró visiones, que eran como imágenes en su mente. Estaba despierto, pero era como si estuviera soñando con lo que Dios iba a hacer con la gente de los países que rodeaban Israel y Judá.

La ciudad de Damasco sería destruida por la manera cruel que su gente trató al pueblo de Dios en Galaad. Las ciudades de Gaza y Tiro

would be destroyed because they sold God's people into slavery. The land of Edom would be destroyed because the people there wanted to get back at their own relatives in Israel for something that had happened years and years ago. People from Ammon would be destroyed because they murdered helpless women and children. The

serían destruidas porque vendieron al pueblo de Dios como esclavos. La tierra de Edom sería destruida porque la gente allí quería vengarse de sus familiares de Israel por algo que había pasado hacía muchos años. El pueblo de Amón sería destruido porque asesinaron a mujeres y niños indefensos. El rey de Moab y su pueblo serían

king of Moab and his people would be destroyed because they dug up a dead king's body and burned his bones until nothing was left but ashes!

God's people in Judah and Israel would also be punished. The people of Judah didn't follow God's laws, so He would tear down the city of Jerusalem. Israel would be punished because the Israelites stole from the poor, worshipped false gods, and lived only for pleasure.

God told Amos, "Go to the city of Bethel in Israel and tell them what

destruidos porque ¡desenterraron el cuerpo de un rey muerto y quemaron sus huesos hasta que no quedó nada más que ceniza!

El pueblo de Dios en Judá e Israel también serían castigados. La gente de Judá no seguía las leyes de Dios, por lo que él destruiría la ciudad de Jerusalén. Israel sería castigado porque los israelitas le robaban al pobre, adoraban dioses falsos y vivían sólo para el placer.

Dios le dijo a Amós: "¡Ve a la ciudad de Bet-el, en Israel, y diles lo

I've said!"

So Amos left his flock of sheep in Judah and walked about 20 miles north to Bethel. The Israelites did not like what Amos had to say. But Amos kept telling them the truth anyway. "Seek God so that you may live! Hate evil, love good, and make justice rule in your city."

The Israelites refused to listen! They thought their mighty army, their money, their fine houses, and their pagan gods would keep them safe.

God showed Amos a vision of locusts chewing up all the plants in the fields. "Oh, Lord!" Amos pleaded. "Don't let this happen. Israel is too small." God changed His mind. He showed Amos fire burning the whole country. "Oh, Lord!" Amos pleaded again. "Israel is too small. No one will be able to go on living." God changed His mind and showed Amos a plumb line, a tool that hangs straight down to make sure a wall being built is straight and won't tumble. God said a plumb line is like His Law. Did the people of Israel measure up? Did they stand straight beside it? No! Judgment would come, and the people of Israel would become slaves in another land.

Amos told the people what he had seen, but the priest of Bethel said, "Be quiet and go home!"

que he dicho!"

Entonces Amós dejó su rebaño de ovejas en Judá y caminó como 32 kilómetros al norte, hacia Bet-el. A los israelitas no les gustó lo que Amós dijo. Pero Amós siguió diciéndoles la verdad, de todos modos. "¡Busquen a Dios para que puedan vivir! Odien el mal, amen el bien y hagan que la justicia reine en su ciudad."

¡Los israelitas rehusaron escuchar! Pensaron que su poderoso ejército, su dinero, sus casas bonitas y sus dioses paganos los mantendrían a salvo.

Dios le dio a Amós una visión de unas langostas que masticaban todas las plantas de los campos. "¡Ay, Señor!" suplicó Amós. "No dejes que esto suceda. Israel es demasiado pequeño." Dios cambió de parecer. Le mostró a Amós fuego ardiendo en todo el país. "¡Ay, Señor!" volvió a suplicar Amós. "Israel es demasiado pequeño. Nadie podrá seguir viviendo." Dios cambió de parecer y le mostró a Amós una plomada, una herramienta que cuelga hacia abajo para asegurarse que una pared que se construye sea recta y que no se caiga. Dios dijo que una plomada es como su Ley. ¿Estaba el pueblo de Israel a la altura? ¿Se encontraban al nivel de ella? ¡No! Les llegaría el juicio y el pueblo de Israel llegaría a ser esclavo en otro país.

Then God showed Amos a basket of ripe fruit. He said Israel was ripe for punishment for their sins. Because they had told Amos to be quiet, God said no one would be around to teach the Word of God. "The people will wander from sea to sea, seeking the Word of the Lord, but they will not find it." Amos saw still another vision. This time God was standing beside the altar, giving orders to strike Israel.

And the Assyrians came. Just as God had said, they destroyed Israel's army, tore down their cities, took everything they owned, and made the people into slaves.

Scripture: The book of Amos

Amós le dijo a la gente lo que había visto, pero el sacerdote de Bet-el dijo: "¡Cállate y vete a casa!"

Entonces Dios le mostró a Amós un canasto de fruta madura. Dijo que Israel estaba maduro para castigarlo por sus pecados. Porque le habían dicho a Amós que se callara, Dios dijo que ya no habría nadie que enseñara la Palabra de Dios. "La gente vagará de un mar a otro, buscando la Palabra de Dios, pero no la encontrará." Amós tuvo otra visión. Esta vez Dios estaba parado detrás del altar y daba órdenes para atacar a Israel.

Y los asirios llegaron. Como Dios lo había dicho, destruyeron el ejército de Israel, derribaron sus ciudades, se llevaron todo lo que poseían y convirtieron a la gente en esclavos.

Pasaje bíblico: El libro de Amós

Interesting Facts

- Many amazing things happened in Bethel. It was one of the first places where Abram (Abraham) built an altar to worship God after he moved to Canaan. It was also the place where Jacob saw angels going up and down a ladder to heaven.

- The Israelites were so wicked they couldn't wait to cheat helpless people. They had trick scales so people got less food than they paid for. They even sold as food the part of the grain that should have been thrown away. And they sold people as slaves for a pair of shoes!

Truth from God's Word

In the time of the Old Testament, God sent prophets to warn people to turn from their sin and return to Him. When people didn't listen, God punished them. (The New Testament tells how Jesus died on the cross to take the punishment for our sins. Now everyone can go to Him to be forgiven.)

Thinking about Amos

God called Amos to be His prophet. Amos had to tell about the bad things that were going to happen to people. He had to tell them that God was going to punish them. What visions did God show Amos, and what did they mean?

Thinking about YOUR Life

There are many laws and rules to follow. We have rules at home and at school. Cities and countries have laws. And, of course, God gave us rules in the Bible. Have you ever had to tell someone that they were breaking rules? Did they change their ways? How do you act when someone tells you that you're not obeying the rules? Why is it important to obey God's rules?

Praying for Help to Obey

1. Pray that you will speak the truth about obeying God's rules, even when it seems like no one is listening.

2. Ask God to send someone to talk to you whenever you need to change your actions or attitude.

3. Pray that God will help you remember to ask Jesus for forgiveness when you disobey God's rules.

Hechos Interesantes

- Muchas cosas asombrosas pasaron en Bet-el. Fue uno de los primeros lugares donde Abram (Abraham) construyó un altar para adorar a Dios después de que se mudó a Canaán. También era el lugar donde Jacob vio ángeles que subían y bajaban en una escalera que llegaba al cielo.

- Los israelitas eran tan malos que ansiaban engañar a la gente indefensa. Tenían pesas tramposas para que la gente recibiera menos comida de la que había pagado. Hasta vendían como comida la parte de los granos que debía tirarse. ¡Y vendían a la gente como esclavos por un par de zapatos!

Verdad de la Palabra de Dios

En los tiempos del Antiguo Testamento, Dios enviaba profetas a advertir a la gente que se arrepintiera de su pecado y volviera a él. Cuando la gente no escuchaba, Dios los castigaba. (El Nuevo Testamento dice cómo murió Jesús en la cruz para tomar el castigo por nuestros pecados. Ahora todos pueden ir a él para ser perdonados.)

Piensa en Amós

Dios llamó a Amós para que fuera su profeta. Amós tuvo que decir las cosas malas que le iban a pasar a la gente. Tuvo que decirles que Dios iba a castigarlos. ¿Qué visiones le mostró Dios a Amós y qué significaban?

Piensa en TU Vida

Hay muchas leyes y reglas para seguir. Tenemos reglas en casa y en la escuela. Las ciudades y los países tienen leyes. Y, por supuesto, Dios nos da reglas en la Biblia. ¿Alguna vez tuviste que decirle a alguien que estaban quebrantando las reglas? ¿Cambió su comportamiento? ¿Cómo actúas cuando alguien te dice que no estás obedeciendo las reglas? ¿Por qué es importante obedecer las reglas de Dios?

Ora por Ayuda para Obedecer

1. Ora para que hables la verdad en cuanto a obedecer las reglas de Dios, aun cuando parezca que nadie escucha.

2. Pídele a Dios que mande a alguien que hable contigo cuando necesites cambiar tus acciones o actitud.

3. Pídele a Dios que te ayude a recordar pedirle perdón a Jesús cuando desobedezcas las reglas de Dios.

GROWING TIME

TIEMPO PARA CRECER

113

New Testament

Nuevo Testamento

Elizabeth almost cried when her husband, Zechariah, hugged her and said, "I will only be gone a month."

"I know." She touched his cheek. "And it is a great honor for you to be a priest. I am glad you can serve the Lord." She watched him walk down the road toward Jerusalem, where he would worship God in the Most Holy Place inside the Temple. Elizabeth knew she would be lonely without her husband, especially since they had no children.

Elisabet casi lloró cuando su esposo, Zacarías, la abrazó y dijo: "Me iré sólo por un mes."

"Lo sé." Le tocó la mejilla. "Y es un gran honor que seas un sacerdote. Me alegra que puedas servir al Señor." Lo vio irse por el camino que lleva a Jerusalén, donde adoraría a Dios en el Lugar Santísimo, dentro del Templo. Elisabet sabía que estaría sola sin su esposo, especialmente porque no tenían hijos.

Elizabeth had many chores to do. The servants would be getting out of bed soon, and she would have to tell them what needed to be done. First, she would make sure they had plenty to eat for the day. After that, there was the wool to clean and make into yarn. Before Zechariah returned home, she wanted to finish the fine linen robe she had been making for him.

Elizabeth kept busy working far into the night, weaving belts and sashes

Elisabet tenía muchos quehaceres. Los sirvientes se levantarían pronto y tendría que decirles lo que tenían que hacer. Primero, se aseguraría de que tuvieran suficiente comida para el día. Después de eso, había que limpiar la lana y hacerla hilo. Antes de que Zacarías volviera a casa, ella quería terminar la elegante túnica de lino que le estaba haciendo.

Elisabet se mantenía ocupada trabajando hasta tarde en la noche;

on her loom. A merchant would buy them from her to sell in Jerusalem. She wanted to be a good helper to her husband. Zechariah always said she was more precious to him than rubies!

She only felt sad about one prayer that God had not seemed to answer. She and Zechariah had prayed for years to have a child, but now she was too old to have one. How they both would have loved to have a child scampering around the house and growing up to praise God.

After a month went by, a servant hurried to the house with exciting news. "Master Zechariah is coming home!"

Elizabeth left her loom and ran

tejía fajas y cinturones en su telar. Un comerciante se las compraría para venderlas en Jerusalén. Ella quería ser una buena ayudante para su esposo. ¡Zacarías decía que era más preciosa que los rubíes!

Sólo que se sentía triste por una oración que parecía que Dios no le había respondido. Ella y Zacarías habían orado por años para tener un hijo, pero ahora era muy vieja para tenerlo. Cómo les habría gustado tener un hijo correteando por la casa y que creciera para adorar a Dios.

Cuando se cumplió el mes, un sirviente corrió a la casa con noticias emocionantes. "¡El señor Zacarías viene a casa!"

down the road to greet him. When he didn't speak, she felt afraid. "What's wrong, Zechariah?" She watched as he pointed to his lips and shook his head. "You can't speak? But why?" Face flushed, eyes bright with excitement, Zechariah tried to use his hands to explain.

"An angel talked to you inside the Temple?" Elizabeth asked in amazement. Zechariah nodded and pretended to rock a baby. "The angel said I would have a child?"

Elizabeth cupped Zechariah's face. He nodded and pulled her close. They laughed and cried. Even though she was too old to have children, God was about to make the impossible possible!

That night Elizabeth and Zechariah slept together, and a baby began to form inside Elizabeth's body. Zechariah wrote that an angel of the Lord had told him the baby would be a boy and they were to name him John. He would be a Nazirite, who would spend his life serving God. He would never eat or drink anything made from grapes—no wine or grape juice, no grapes or raisins. And he would never cut his hair or his beard. John would grow up and give the Israelites a message from God. He would tell them to get ready because Jesus the Messiah

Elisabet dejó su telar y corrió al camino para saludarlo. Como no le habló, ella tuvo miedo. "¿Qué pasa, Zacarías?" Ella lo miró mientras señaló sus labios y sacudió la cabeza. "¿No puedes hablar? ¿Pero, por qué?" Con la cara sonrojada y los ojos brillantes de emoción, Zacarías trató de usar sus manos para explicar.

"¿Un ángel habló contigo en el Templo?" le preguntó Elisabet con asombro. Zacarías asintió con la cabeza y fingió mecer a un bebé. "¿El ángel dijo que yo tendría un bebé?"

Elisabet tomó la cara de Zacarías entre sus manos. Él asintió con la cabeza y la acercó a él. Se rieron y lloraron. Aunque ella era muy vieja para tener hijos, ¡Dios iba a hacer posible lo imposible!

Esa noche Elisabet y Zacarías durmieron juntos y un bebé comenzó a formarse en el cuerpo de Elisabet. Zacarías escribió que un ángel del Señor le había dicho que el bebé sería un niño y que tenían que llamarlo Juan. Sería un nazareo, que pasaría su vida sirviendo a Dios. Nunca comería ni bebería nada hecho de uvas: vino, jugo de uva, pasas ni uvas. Y nunca se cortaría el cabello, ni su barba. Juan crecería y les daría un mensaje de Dios a los israelitas. ¡Les diría que

was coming!

When Elizabeth was six months pregnant, a servant told her, "Your cousin Mary has come from Nazareth, my lady."

Elizabeth hurried to the courtyard. "Mary!"

Mary looked at Elizabeth's large body and knew a baby was inside. She cried out happily, "It is true!"

At that very moment, Elizabeth felt her baby leap joyfully inside her! Because he was filled with the Holy Spirit, John knew even before he was born that God's Son, who was not yet born either, was inside Mary's body. Elizabeth looked at her teenage cousin in wonder. Mary was not married yet. But God, by the power of the Holy Spirit, had chosen to place His Son, Jesus, inside her, so that she would become the mother of His Son. "Blessed are you among women, Mary, and blessed is your child, who is not yet born!"

Mary sang. "My soul gives praise to the Lord, and my spirit rejoices in God my Savior!"

Mary stayed with Elizabeth for three months. During that time they talked about raising their miracle babies. "The Lord will lead us every step of the way, Mary."

Soon after Mary went home to

se prepararan porque pronto vendría Jesús, el Mesías!

Cuando Elisabet tenía seis meses de embarazo, un sirviente le dijo: "Tu prima María ha llegado de Nazaret, señora."

Elisabet salió corriendo al patio. "¡María!"

María vio el gran cuerpo de Elisabet y supo que había un bebé adentro. Gritó con alegría: "¡Es cierto!"

En ese mismo instante, ¡Elisabet sintió que su bebé saltó de alegría adentro de ella! Como estaba lleno del Espíritu Santo, Juan supo, aun antes de nacer, que el Hijo de Dios, que tampoco había nacido todavía, estaba en el cuerpo de María. Elisabet miró a su prima adolescente y se maravilló. María todavía no se había casado. Pero Dios, por el poder del Espíritu Santo, había decidido colocar a su Hijo, Jesús, dentro de ella, para que María se convirtiera en la madre de su Hijo. "¡Bendita eres entre todas las mujeres, María, y bendito es tu hijo, que todavía no ha nacido!"

Entonces María cantó. "¡Mi alma alaba al Señor y mi espíritu se goza en Dios mi Salvador!"

María se quedó con Elisabet tres meses. Durante ese tiempo hablaron de criar a sus bebés milagrosos. "El Señor nos guiará en cada paso del camino, María."

Nazareth, Elizabeth gave birth to John. On the eighth day, as was the custom, family and friends came together to celebrate. Zechariah and Elizabeth named their baby and offered him to God. The people thought the baby would be named after his father, Zechariah. But Elizabeth said, "The baby will be called John." Zechariah, who still could not speak, wrote, "His name is John." As soon as the words were written, Zechariah received his voice back. The first thing he did was to praise God!

Elizabeth and Zechariah's son grew up and went to live in the wilderness. He became known as John the Baptist. Many people went out to see and hear him. John told the people to be sorry for their sins so they would be ready to meet the Lord Jesus, the Savior of the world. When Jesus came to the Jordan River to let John baptize Him, John knew he was not good enough to do that. But Jesus said, "God wants you to do this. And it's important to do everything that is right."

Scriptures: Matthew 3:1-2, 13-15; Luke 1:5-80

☀

Poco tiempo después de que María volviera a su casa en Nazaret, Elisabet dio a luz a Juan. Al octavo día, como era la costumbre, su familia y sus amigos se reunieron para celebrar. Zacarías y Elisabet le pusieron nombre a su bebé y lo ofrecieron a Dios. La gente pensaba que el bebé se llamaría como su padre, Zacarías. Pero Elisabet dijo: "El bebé se llamará Juan." Zacarías, que todavía no podía hablar, escribió: "Su nombre es Juan." Tan pronto como escribió las palabras, Zacarías recuperó su voz. ¡Lo primero que hizo fue alabar a Dios!

El hijo de Elisabet y Zacarías creció y se fue a vivir al desierto. Llegó a ser conocido como Juan el Bautista. Mucha gente iba a verlo y a escucharlo. Juan le decía a la gente que se arrepintiera de sus pecados para que pudieran estar listos para encontrarse con el Señor Jesús, el Salvador del Mundo. Cuando Jesús llegó al río Jordán para que Juan lo bautizara, Juan sabía que no era lo suficientemente bueno para hacerlo. Pero Jesús le dijo: "Dios quiere que tú hagas esto. Y es importante hacer todo lo que es bueno."

Pasajes bíblicos: Mateo 3:1-2, 13-15; Lucas 1:5-80

☀

Interesting Facts

- Zechariah was one of many priests. Usually each priest was able to go into the special Holy Place at the Temple only once during his life. Some never got a turn.
- In the Holy Place was the Ark of the Covenant. The Ark was a wooden box that was covered with gold. Inside it were the stones on which God had written the Ten Commandments for Moses more than 1,000 years earlier!
- The priest took into the Holy Place some blood from an animal that had been sacrificed. He gave the blood as an offering to take away everyone's sins. This no longer has to be done, because Jesus died on the cross as a sacrifice for all of us.

Truth from God's Word

Sometimes it may seem impossible for God to make the things happen that He has planned for us. But we can trust Him to work out His plans at just the right time.

Thinking about Elizabeth

Elizabeth believed that God could give her a son even though she was too old to have children. How do you think Elizabeth felt during all the years of waiting for a child? How do you think she felt when she was told she would have a baby who would be very special? God had a plan not only for Elizabeth but also for her son even before he began to grow inside her!

Thinking about YOUR Life

God has a plan for you, too. What are some things in your life that you feel are impossible for anyone to make happen? Is anything impossible for God? Think about the good things that can come from waiting. What do you think the Lord might want you to do today? What about tomorrow? And when you're grown up?

Praying for God's Timing

1. Pray that God will help you wait for the things He has planned for you.
2. Pray that you will always trust God to take care of you—even when it seems impossible!
3. Ask God to show you the plans He has for you each day.

Hechos Interesantes

- Zacarías fue uno de muchos sacerdotes. Usualmente, cada sacerdote podía entrar al Lugar Santo especial en el Templo sólo una vez durante toda su vida. Algunos nunca tuvieron la oportunidad.
- En el Lugar Santo estaba el Arca del Pacto. El Arca era una caja de madera que estaba cubierta de oro. Adentro estaban las piedras donde Dios había escrito los Diez Mandamientos para Moisés, ¡hacía más de 1.000 años!
- El sacerdote llevaba al Lugar Santo un poco de sangre de un animal que había sido sacrificado. Daba la sangre como ofrenda que quitaba los pecados de todos. Esto ya no se tiene que hacer, porque Jesús murió en la cruz como sacrificio por todos nuestros pecados.

Verdad de la Palabra de Dios

A veces parecería imposible que Dios hiciera que sucedieran todas las cosas que ha planeado para nosotros. Pero podemos confiar en él para que desarrolle sus planes en el tiempo justo.

Piensa en Elisabet

Elisabet creía que Dios podía darle un hijo aunque ya era muy vieja para tener hijos. ¿Cómo crees que Elisabet se sintió durante los años que esperó un hijo? ¿Cómo crees que se sintió cuando se le dijo que tendría un hijo que sería muy especial? Dios tenía un plan no sólo para Elisabet, sino para su hijo ¡aun antes de que empezara a crecer dentro de ella!

Piensa en TU Vida

Dios también tiene un plan para ti. ¿Cuáles son algunas cosas que crees imposible que sucedan en tu vida? ¿Hay algo imposible para Dios? Piensa en las buenas cosas que pueden ocurrir por esperar. ¿Qué crees que el Señor podría querer que tú hicieras hoy? ¿Y mañana? ¿Y cuando seas adulto?

Ora por la Precisión de Dios

1. Ora para que Dios te ayude a esperar las cosas que él tiene planeadas para ti.
2. Ora para que siempre confíes en que Dios cuida de ti, ¡aunque te parezca imposible!
3. Pídele a Dios que te muestre los planes que tiene para ti cada día.

GROWING TIME · TIEMPO PARA CRECER

Samaritan Woman

The woman needed water, but she peered out her window to make sure the other women had returned from the well. Late in the morning, when the others had gone back inside their houses, she picked up her jug and headed for the city well.

Everyone in town looked down on her. She had been married five times. Now she was living with a man who would not marry her. She felt trapped. Sometimes she dreamed of starting over, but where could she go?

La Mujer Samaritana

La mujer necesitaba agua, pero miró por su ventana para asegurarse de que las otras mujeres ya hubieran vuelto del pozo. Avanzada la mañana, cuando las otras mujeres habían vuelto a sus casas, tomó su jarra y se dirigió al pozo de la ciudad.

Todos en la ciudad la miraban con desprecio. Se había casado cinco veces y ahora vivía con un hombre que rehusaba casarse con ella. Se sentía atrapada. A veces soñaba con volver a empezar, pero ¿a dónde podría ir?

She always went to the well when it was hot so the other women wouldn't be there to stare, whisper, or worse—call her names. Covering her face, she walked quickly toward the well. She stopped when she came close, for a man sat by the well. She could tell by His clothing that He was Jewish. Why would He be in Samaria? Jewish

Siempre iba al pozo cuando ya hacía calor, porque las demás mujeres ya no estarían allí para verla, para murmurar, o peor, para ponerle apodos. Se cubrió la cara y caminó rápidamente hacia el pozo. Se detuvo cuando se acercó, porque un hombre estaba sentado cerca del pozo. Por su ropa podía ver que era judío.

people hated Samaritans. Lowering her eyes, she approached the well.

"Please," the man said. "Give Me a drink."

She stared at Him, amazed. "You are a Jewish man, and I am a Samaritan woman. Why are You asking me for a drink?"

The man smiled. "If you only knew the gift God has for you and who I am, you would ask Me, and I would give you living water."

No one had spoken so kindly to her in years. She felt close to tears as she drew water for Him. What did He mean by living water? "Sir, You don't have a rope or a bucket, and this is a deep well. Where would You get living water?" She lifted her chin and tried to feel important. "Besides, are You greater than our ancestor Jacob, who dug this well for us? How can You offer better water than this?"

The kind man answered, "People soon become thirsty again after drinking this water. But the water I give them takes away all thirst. It becomes like a spring inside them, giving them life that will last forever."

Oh, she knew thirst, both the kind that made her mouth and throat dry and the kind that made her soul ache inside. The ache inside was a thirst

¿Por qué estaría en Samaria? Los judíos odiaban a los Samaritanos. Bajó la vista y se acercó al pozo.

"Por favor," dijo el hombre. "Dame de beber."

Ella lo miró asombrada. "Eres judío y yo soy samaritana. ¿Por qué me pides que te dé de beber?"

El hombre sonrió. "Si supieras el regalo que Dios tiene para ti y quién soy yo, tú me pedirías, y yo te daría agua viva."

Nadie le había hablado tan amablemente en años. Sintió ganas de llorar cuando sacó el agua para él. ¿Qué quiso decir con agua viva? "Señor, no tienes lazo ni cubeta y este es un pozo profundo. ¿De dónde sacarías agua viva?" Levantó la barbilla y trató de sentirse importante. "Además, ¿eres mayor que nuestro antepasado Jacob, que hizo este pozo para nosotros? ¿Cómo puedes ofrecer mejor agua que esta?"

El hombre amable respondió: "Después de beber esta agua, la gente pronto tiene sed de nuevo. Pero el agua que yo les doy quita toda la sed. Es como una fuente adentro de ellos, que les da vida que durará para siempre."

Ella sí que conocía la sed, tanto la sed que secaba la boca y la garganta como la que hacía que el alma doliera

for . . . what? Forgiveness? Healing? Was there a special kind of water that would take away her sorrow and shame and make her feel like a new person? "Please, sir," she said. "Give me some of that water." She blinked away tears. "Then I'll never thirst again or have to come here to haul water and face unfriendly people."

"Go and get your husband."

The Samaritan woman bowed her head. "I don't have a husband."

"You're right," the man said quietly. "You have had five husbands, but you aren't even married to the man you're living with now."

How could He know all that about her? And knowing everything about her, He had still spoken to her!

But she didn't want to talk about her life. Better to talk of other things. "Sir, You must be a prophet. So tell me, why is it that you Jews say that Jerusalem is the only place of worship? We Samaritans worship here at Mount Gerizim, where our ancestors worshipped." Now that she had reminded Him of the big difference between their people, the woman was sure He would stop speaking to her. But He didn't.

"Believe Me. The time is coming when it will no longer matter whether you worship God the Father here or in Jerusalem."

adentro. El dolor interno era una sed de . . . ¿qué? ¿Perdón? ¿Sanidad? ¿Habría alguna clase de agua especial que le quitaría el dolor y la vergüenza, y la haría sentir como una persona nueva? "Por favor, señor," dijo, "Dame un poco de esa agua." Parpadeó para enjugar sus lágrimas. "Entonces nunca volveré a tener sed y no tendré que venir a sacar agua ni enfrentar gente antipática."

"Ve a buscar a tu esposo."

La mujer samaritana inclinó su cabeza. "No tengo esposo."

"Tienes razón," dijo el hombre quedamente. "Has tenido cinco esposos y no estás casada con el hombre que vive contigo ahora."

¿Cómo podía saber todo sobre ella? Y a pesar de que sabía todo, ¡todavía había hablado con ella!

Pero ella no quiso hablar de su vida. Era mejor hablar de otras cosas. "Señor, debes ser un profeta. Dime, ¿por qué dicen ustedes los judíos que Jerusalén es el único lugar para adorar? Nosotros los samaritanos adoramos aquí en el Monte Gerizim, donde adoraron nuestros antepasados." Ahora que le había recordado la gran diferencia que había entre sus pueblos, la mujer estaba segura de que él dejaría de hablarle. Pero no lo hizo.

"Créeme. El tiempo llegará

Who was this man who spoke with such authority and behaved unlike anyone she had ever known? He went on: "You Samaritans know so little about the One you worship, while we Jews know all about Him. But true worshippers must worship the Father not only on the outside, with their bodies—their hands and voices. They must also worship deep inside with their spirits—their hearts and thoughts. They must worship the true God. The Father is looking for anyone who will worship Him that way. For God is Spirit, so those who worship Him must worship in spirit and in truth."

Would God really want her to worship Him, even after all the bad choices she had made? "I know the Messiah will come. He will explain everything to us."

"I am the Messiah."

She raised her head and looked at Him. He looked back at her, His eyes filled with love, as if she were a daughter He had been searching for and found. That look filled her with hope and joy again.

Some of the kind man's friends came toward Him and called Him Jesus. She left her jug and ran back into town. She called out to everyone, "Come and meet a man who told me

cuando no importará dónde adores a Dios el Padre, aquí o en Jerusalén."

¿Quién era este hombre que hablaba con tanta autoridad y se comportaba como nadie que ella conociera? Él siguió: "Ustedes los samaritanos saben tan poco del que adoran, mientras que nosotros los judíos sabemos todo de él. Pero los adoradores genuinos deben adorar al Padre, no sólo por fuera, con sus cuerpos, sus manos y voces. También deben adorar muy adentro, con sus espíritus, corazones y pensamientos. Deben adorar al Dios verdadero. El Padre busca gente que lo adore así. Porque Dios es espíritu, los que lo adoran deben adorarlo en espíritu y en verdad."

¿Realmente quería Dios que lo adorara, a pesar de las malas decisiones que había tomado? "Yo sé que el Mesías vendrá. Él nos explicará todo."

"Yo soy el Mesías."

Ella levantó su cabeza y lo miró. Él también la miró, con sus ojos llenos de amor, como si fuera una hija que había estado buscando y la hubiera encontrado. Esa mirada la volvió a llenar de esperanza y gozo.

Algunos de los amigos del hombre bueno se acercaron y lo llamaron Jesús. Ella dejó su jarra y volvió

everything I ever did! Can this be the Messiah, who has come to save us? Come hear what He has to say!"

The people did come, wanting to see Jesus for themselves. Then they began to drink in the words He said to them. They begged Him to stay in their town, so He stayed for two days, teaching them how to worship God.

After Jesus left, the Samaritan woman was afraid her neighbors would treat her as they had before. But many of them told her, "Now we believe Jesus is the Messiah, because we have heard Him ourselves. Jesus is indeed the Savior of the world." Then they made a circle around her and helped her feel welcome among them again.

Scripture: John 4:3-42

130

corriendo al pueblo. Llamó a todos: "¡Vengan a conocer a un hombre que me dijo todo lo que he hecho! ¿Podría ser el Mesías, que ha venido a salvarnos? ¡Vengan a oír lo que tiene que decir!"

La gente llegó y todos querían ver a Jesús con sus propios ojos. Estaban embebidos con las palabras que él les decía. Le suplicaron que se quedara en su pueblo, por lo que él se quedó dos días, enseñándoles a adorar a Dios.

Cuando Jesús se fue, la mujer samaritana tuvo miedo de que sus vecinos la trataran como lo habían hecho antes. Pero muchos le dijeron: "Ahora creemos que Jesús es el Mesías, porque lo hemos escuchado. Jesús es ciertamente el Salvador del mundo." Hicieron un círculo alrededor de ella y la ayudaron a sentirse bien con ellos otra vez.

Pasaje bíblico: Juan 4:3-42

Interesting Facts

- Without water, nothing would be able to live. Your body is 60 to 70 percent water. It's water that keeps your body working properly. You need eight glasses of water every day, and even more when you exercise.

- Samaritans knew about only the first five books of the Bible. Because their customs and beliefs were different, Jews would not associate with them. Jesus showed how wrong their prejudice was by talking to the Samaritan woman and teaching her about God.

Truth from God's Word

God knows what we are thinking and feeling in our hearts. When we have made wrong choices and ask God for forgiveness, He forgives us. The living water that Jesus spoke of was eternal life. If we accept Jesus' forgiveness and love Him, we will live with Him in heaven forever.

Thinking about the Samaritan Woman

The Samaritan woman knew that she had made many wrong choices. Why do you think she didn't change her life? When she met Jesus, He knew all about her. She thought He was going to treat her badly. Why did Jesus treat her so well? How do you think He made her feel?

Thinking about YOUR Life

All of us do things that are wrong. Other people may start treating us badly because of what we've done. Sometimes we have a hard time forgiving ourselves. How can Jesus help you if you need to forgive yourself and let God forgive you? Think about a time when you prayed for forgiveness and it helped you not to feel bad anymore.

Praying about Forgiveness

1. Pray that God will help you ask Him for forgiveness when you do things that are wrong.

2. Ask God to forgive you right now for something you know you should not have done.

3. Ask God to help you forgive yourself for a wrong choice you made, so that you will not keep feeling ashamed after you have been forgiven.

Hechos Interesantes

- Sin agua, nada podría vivir. Tu cuerpo tiene de 60 a 70 por ciento de agua. El agua es la que mantiene tu cuerpo funcionando apropiadamente. Necesitas ocho vasos de agua al día y aún más cuando haces ejercicio.

- Los samaritanos conocían solamente los primeros cinco libros de la Biblia. Como sus costumbres y creencias eran distintas, los judíos no se juntaban con ellos. Jesús les mostró lo malo que era su prejuicio al hablar con la mujer samaritana y al enseñarle a ella acerca de Dios.

Verdad de la Palabra de Dios

Dios sabe lo que pensamos y sentimos en nuestros corazones. Cuando hemos tomado malas decisiones y le pedimos a Dios que nos perdone, él nos perdona. El agua viva de la que Jesús habló era la vida eterna. Si aceptamos el perdón de Jesús y lo amamos, viviremos con él en el cielo para siempre.

Piensa en la Mujer Samaritana

La mujer samaritana sabía que había tomado decisiones malas. ¿Por qué crees que no cambió su vida? Jesús sabía todo sobre ella cuando ella lo conoció. Ella pensó que la iba a tratar mal. ¿Por qué la trató Jesús tan bien? ¿Cómo crees que él la hizo sentir?

Piensa en TU Vida

Todos nosotros hacemos cosas que están mal. La gente podría empezar a tratarnos mal por lo que hemos hecho. A veces es difícil perdonarnos a nosotros mismos. ¿Cómo puede ayudarte Jesús si necesitas perdonarte y dejar que Dios te perdone? Piensa en alguna vez que oraste pidiendo perdón y eso te ayudó a ya no sentirte mal.

Ora por Perdón

1. Ora para que Dios te ayude a pedirle perdón cuando haces cosas que están malas.

2. Pídele a Dios que te perdone ahora mismo por algo que sabes que no deberías haber hecho.

3. Pídele a Dios que te ayude a perdonarte por haber tomado una mala decisión y que no te sigas sintiendo avergonzado después de haber sido perdonado.

131

Lazarus

Martha was worried. "Lazarus isn't getting any better, Mary. We must send for Jesus!"

"Yes! Jesus is our friend. He's visited us many times. Of course He will come and help us! But where is He?"

"I heard Jesus is on the other side of the Jordan River. It takes only about a day to walk there."

So Martha and Mary sent a message. "Lord, your good friend is very sick."

But when the messenger returned, he came alone.

"Where is Jesus?" Martha wanted to know.

"I heard Him say the sickness your brother suffers will not end in death.

Lázaro

Marta estaba preocupada. "Lázaro no mejora, María. ¡Tenemos que mandar a buscar a Jesús!"

"¡Sí! Jesús es nuestro amigo. Nos ha visitado muchas veces. ¡Claro que vendrá a ayudarnos! Pero ¿dónde está?"

"Supe que Jesús está al otro lado del río Jordán. Sólo se necesita de un día para llegar allá."

Así que Marta y María enviaron un mensaje: "Señor, tu buen amigo está muy enfermo."

Pero cuando el mensajero volvió, venía solo.

"¿Dónde está Jesús?" Marta quería saber.

"Oí que dijo que la enfermedad

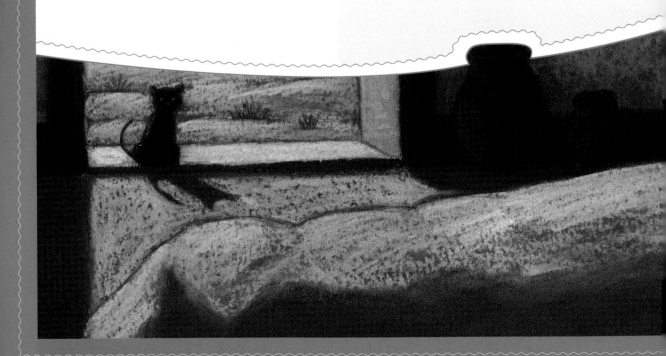

The reason he is sick is so that God will receive glory. Everyone will praise God when they see how great and powerful the Son of God is."

The next day, Lazarus died!

Martha and Mary wept. They couldn't understand why Jesus had not come. Now all their hopes for Lazarus's healing were gone. They wrapped their brother in grave clothes and put him in his tomb. Many friends came to cry and mourn with them.

que tiene tu hermano no terminará en muerte. La razón por la que está enfermo es para que Dios sea glorificado. Todos alabarán a Dios cuando vean lo grande y poderoso que es el Hijo de Dios."

Al día siguiente, ¡Lázaro murió!

Marta y María lloraban. No podían entender por qué Jesús no había llegado. Ahora todas sus esperanzas de sanidad para Lázaro se habían

After four days, Martha overheard a servant say Jesus had arrived. *Too late,* Martha thought, *but Jesus must have had a good reason.* Without telling her sister, Martha ran out to meet Jesus. She wanted to ask why He hadn't come when they needed Him.

"Lord, if You had been here, my brother would not have died! Even now I know that whatever You ask of God, He will give You."

"Your brother will live again," Jesus explained.

"Yes, I know he will someday, at the end of time," Martha said, a little smile appearing on her face.

"I am the resurrection and the life," Jesus told her. "Anyone who believes in Me shall live even if he dies, and everyone who lives and believes in Me shall never die."

Martha believed every word Jesus said. She knew He was the Son of God who had come to earth to save sinners—to be their Redeemer from sin. She had known for a long time that Jesus was the long-awaited Messiah!

She ran and told Mary that Jesus had arrived. So Mary went out to Him and fell to her knees in front of Him. Crying, she said the same thing Martha had. "If You had been here, my brother would not have died."

esfumado. Envolvieron su cuerpo con mortajas y lo colocaron en su tumba. Muchos amigos llegaron a llorar la muerte con ellas.

Después de cuatro días, Marta escuchó a un sirviente decir que Jesús llegaba. *Demasiado tarde*, pensó Marta, *pero Jesús debe haber tenido una buena razón*. Sin decirle a su hermana, Marta corrió a recibir a Jesús. Quería preguntarle por qué no había llegado cuando lo necesitaban.

"Señor, si hubieras estado aquí, ¡mi hermano no habría muerto! Pero yo sé que lo que le pidas a Dios, él te lo dará."

"Tu hermano volverá a vivir," explicó Jesús.

"Sí, yo sé que algún día vivirá, al final de los tiempos," dijo Marta, con una pequeña sonrisa en su cara.

"Yo soy la resurrección y la vida," le dijo Jesús. "El que cree en mí, aunque esté muerto, vivirá, y cualquiera que viva y crea en mí nunca morirá."

Marta creyó todas las palabras que dijo Jesús. Sabía que él era el Hijo de Dios que había venido a la tierra a salvar a los pecadores, a ser el Redentor del pecado. ¡Desde hacía mucho tiempo sabía que Jesús era el Mesías tan esperado!

Corrió a contarle a María que Jesús

Deeply troubled, Jesus asked, "Where have you laid him?" Mary, Martha, and their friends took Jesus to Lazarus's tomb.

Jesus wept. "Remove the stone!" He said.

"But he's been dead four days!" Martha reminded Him. "His body will smell terrible!"

Jesus spoke. "Did I not say that if you believe, you will see the glory of God?"

había llegado. Entonces María salió a verlo y cayó de rodillas frente a él. Llorando, le dijo lo mismo que le había dicho Marta. "Si hubieras estado aquí, mi hermano no habría muerto."

Profundamente afligido, Jesús preguntó: "¿Dónde lo pusieron?" María, Marta y sus amigos llevaron a Jesús a la tumba de Lázaro.

Jesús lloró. Entonces dijo: "¡Quiten la piedra!"

"¡Pero murió hace cuatro días!" le

What could Jesus mean? Martha didn't know, but she trusted Him and ordered the stone rolled away.

"LAZARUS!" Jesus cried out with a loud voice. "COME FORTH!"

And Lazarus came back to life! Still bound tightly in his grave wrappings, he hopped out of his tomb at the sound of Jesus' voice! "Remove his grave clothes and let him go," Jesus said. So Martha and Mary rushed to help their brother. They laughed and wept for joy, finally understanding that this was how Jesus had planned all along to show the glory and greatness of God.

Lazarus had been dead, and God's Son, Jesus, brought him back to life!

Scriptures: John 11:1-44

✺

recordó Marta. "¡Su cuerpo olerá horrible!"

Jesús habló: "¿Acaso no dije que si crees verás la gloria de Dios?"

¿Qué quiso dar a entender Jesús? Marta no lo sabía, pero confiaba en él y ordenó que retiraran la piedra.

"¡LÁZARO!" gritó Jesús en voz alta. "¡SAL DE ALLÍ!"

¡Y Lázaro resucitó! Todavía bien envuelto en las mortajas, ¡salió saltando de su tumba al oír la voz de Jesús! "Quítenle las mortajas y déjenlo que se vaya," dijo Jesús. Entonces Marta y María corrieron a ayudar a su hermano. Se rieron y lloraron de alegría, y finalmente entendieron que eso era lo que Jesús había planificado para mostrar la gloria y la grandeza de Dios.

¡Lázaro había muerto y el Hijo de Dios, Jesús, lo había resucitado!

Pasaje bíblico: Juan 11:1-44

Interesting Facts

- John 11:35 is the shortest Bible verse.
- After Jewish people died, they were wrapped up in strips of cloth like a mummy.
- Jewish people were buried with a lot of spices made from sweet-smelling wood that had been ground into powder. After Jesus died on the cross, Nicodemus helped to bury Him with 75 pounds of spices mixed with myrrh.

Truth from God's Word

Only God has the power to bring a dead person back to life. Jesus raised Lazarus to show the people that He is indeed God.

Thinking about Lazarus

Lazarus was in the grave for four days. Along with raising Lazarus from the dead, Jesus healed his body from the rot that had already started. Do you think Lazarus was glad to be alive again? Do you think he had mixed feelings about coming back to earth after being in heaven? How do you think Lazarus's sisters felt before he died? After he died? After Jesus brought him back to life? Why do you think Jesus cried?

Thinking about YOUR Life

Have you ever been so sick that you could have died? How were you healed? What did your doctor do? What did Jesus do? Do you know anyone who did die after being very sick? Will that person live again someday? How do you know?

Praying about Life and Death

1. Thank God for helping doctors know what to do when you are sick.
2. Ask for patience to wait for God's answers when you or someone you care about needs to be healed.
3. Ask God to help you trust Him to give the doctors wisdom as they treat you and other family members.
4. Thank God for the promise that all of us who believe in His Son, Jesus, will live with Him forever after we die.

Hechos Interesantes

- Juan 11:35 es el versículo más corto de la Biblia.
- Cuando los judíos morían, los envolvían en tiras de tela, como a una momia.
- Enterraban a los judíos con muchas especies, que se hacían al moler una madera de olor dulce. Cuando Jesús murió en la cruz, Nicodemo ayudó a enterrarlo con 34 kilos de especies, mezcladas con mirra.

Verdad de la Palabra de Dios

Sólo Dios tiene el poder de devolverle la vida a un muerto. Jesús resucitó a Lázaro para mostrarle a la gente que él efectivamente es Dios.

Piensa en Lázaro

Lázaro estuvo en la tumba cuatro días. Cuando resucitó a Lázaro de los muertos, Jesús también sanó su cuerpo de la putrefacción que ya había comenzado. ¿Crees que Lázaro se alegró de estar vivo otra vez? ¿Crees que tenía emociones encontradas por volver a la tierra después de estar en el cielo? ¿Cómo crees que se sintieron sus hermanas antes de que muriera? ¿Después de que murió? ¿Después de que Jesús lo resucitó? ¿Por qué crees que Jesús lloró?

Piensa en TU Vida

¿Alguna vez has estado tan enfermo que podrías haber muerto? ¿Cómo sanaste? ¿Qué hizo tu doctor? ¿Qué hizo Jesús? ¿Conoces a alguien que sí murió después de estar muy enfermo? ¿Vivirá esa persona otra vez algún día? ¿Cómo lo sabes?

Ora por la Vida y la Muerte

1. Agradece a Dios por ayudar a los doctores a saber qué hacer cuando estés enfermo.
2. Pide paciencia para esperar las respuestas de Dios cuando tú o alguien que quieres necesite sanar.
3. Pídele a Dios que te ayude a confiar que él les dará sabiduría a los doctores cuando te traten a ti y a otros miembros de tu familia.
4. Agradece a Dios por la promesa de que todos los que creemos en su Hijo, Jesús, viviremos con él para siempre cuando muramos.

GROWING TIME · TIEMPO PARA CRECER

Zacchaeus

"Jesus is coming to town!"
Everyone in Jericho came out to see
the young prophet who could do
wonderful miracles that no one else
could do. People lined both sides of the
road. Zacchaeus wanted to see Jesus
too, but he was so short he couldn't see
over the others. And the people would
not make room for him.

"Let me through!" he cried out.
"Let me see Jesus!"

People moved closer together,
making a wall in front of him.
Zacchaeus knew they hated him.

Zaqueo

"¡Jesús viene al pueblo!"
Todos en Jericó salieron a ver al joven
profeta que hacía milagros maravi-
llosos que nadie más podía hacer.
La gente se paró a los dos lados del
camino. Zaqueo también quería ver
a Jesús, pero era tan bajo que no
podía ver por encima de los demás.
Y la gente no haría espacio para él.

"¡Déjenme pasar!" gritó. "¡Déjenme
ver a Jesús!"

La gente se acercó y formó
una pared enfrente de él.

138

They were his own people, but he collected taxes from them for the Romans. And he always charged extra money so he could keep some for himself.

Jesus was about to pass by! Afraid that he would miss Him, Zacchaeus ran ahead and climbed up a sycamore tree.

Zaqueo sabía que la gente lo odiaba. Era su propio pueblo, pero él les cobraba los impuestos para los romanos. Y siempre les cobraba más dinero para quedarse con algo.

¡Ya iba a pasar Jesús por allí! Con miedo de perdérselo, Zaqueo corrió adelante y se subió a un árbol sicómoro.

"Look at Zacchaeus up there!" The people laughed and made fun of him. Zacchaeus felt ashamed, but what else could he do? He had to see Jesus and hear what He had to say!

"¡Miren a Zaqueo allá arriba!" La gente se reía y se burlaba de él. A Zaqueo le dio vergüenza, pero ¿qué podía hacer? ¡Tenía que ver a Jesús y escuchar lo que decía!

Jesus stopped when He came near the tree. Zacchaeus blushed when Jesus looked up and saw him perched on a limb. Would the prophet make fun of him too? Would Jesus tell him he deserved to be on the outside of the group, hated by everyone?

"Zacchaeus," Jesus called up to him. "Hurry and come down, for today I must stay at your house."

The people grumbled. "Jesus will go to the house of a sinner?"

Amazed and grateful, Zacchaeus happily scrambled down. He led Jesus to his fine home and ordered his servants to prepare a feast. As Jesus spoke, Zacchaeus listened. His heart changed. He looked around at all he owned and knew that what other people said about him was true.

"I am a sinner!" Zacchaeus told Jesus. He didn't want to sin anymore. He wanted to live for God! But would Jesus believe him? Would the people?

Zacchaeus got up and opened the doors wide so the people from his town could hear. "I will give half of all I own to the poor. And if I have taken more tax money than I should have from anyone, I will give back four times as much."

The people who heard this were astonished and praised God.

Jesus smiled. "Today, salvation

Jesús se detuvo cuando se acercó al árbol. Zaqueo se ruborizó cuando Jesús levantó la cabeza y lo vio sentado en una rama. ¿Se burlaría también el profeta? ¿Le diría Jesús que merecía estar fuera del grupo, odiado por todos?

"Zaqueo," Jesús lo llamó. "Apúrate y baja, porque hoy voy a quedarme en tu casa."

La gente refunfuñó. "¿Jesús irá a la casa de un pecador?"

Asombrado y agradecido, Zaqueo se bajó del árbol rápidamente. Llevó a Jesús a su bonita casa y ordenó a sus sirvientes que prepararan un banquete. Cuando Jesús hablaba, Zaqueo lo escuchaba. Su corazón cambió. Miró a su alrededor todo lo que poseía y se dio cuenta de que lo que se decía de él era cierto.

"¡Soy pecador!" le dijo Zaqueo a Jesús. Ya no quería pecar más. ¡Quería vivir para Dios! Pero, ¿le creería Jesús? ¿Le creería la gente?

Zaqueo se levantó y abrió bien las puertas para que la gente de su pueblo escuchara. "Daré la mitad de todo lo que tengo a los pobres. Y si he cobrado a alguien más impuesto de lo que debería, lo devolveré cuadruplicado."

Los que escucharon esto estaban atónitos y alabaron a Dios.

has come to this home. I have come to save people like you who have been lost."

God forgave Zacchaeus for his sins and welcomed him into His family as His child.

Scripture: Luke 19:1-10

Jesús sonrió. "La salvación ha llegado a esta casa hoy. He venido a salvar a la gente que estaba perdida como tú."

Dios le perdonó a Zaqueo sus pecados y lo recibió en su familia, como su hijo.

Pasaje bíblico: Lucas 19:1-10

Interesting Facts

- Roman law said that tax collectors could take as much money from their fellow Jews as they wanted, as long as they gave Rome the required tax. The tax collectors became rich but certainly not popular.

- God's law said that someone caught stealing had to pay back at least four times the amount he took (see Exodus 22:1). When Zacchaeus agreed to do that, he was admitting that he had taken so much tax money from people, it was like stealing.

Truth from God's Word

When we have wronged others, God wants us to be truly sorry about it and tell them. But that isn't enough. He wants us to show them we are sorry too, by changing the way we act and making up for what we've done wrong. God also expects us to forgive others who have wronged us.

Thinking about Zacchaeus

Zacchaeus showed his changed heart by his actions. Not only did he agree to give back four times the amount he had stolen, he also said he would give half of all he had to the poor. Do you think Zacchaeus was truly sorry for what he had done? What made him feel sorry? How do you suppose his actions changed after that?

Thinking about YOUR Life

When you've wronged a person, sometimes it's hard to say, "Sorry." Do you need to make things right with anyone? How would you feel if you tried to make up with someone who wouldn't accept your apology? What do you think it would take for you to forgive someone who wronged you?

Praying about Being Sorry

1. Ask Jesus to help you know in your heart when you have wronged someone and to help you feel truly sorry about it.

2. Pray that you will find ways to show people you have hurt that you are sorry.

3. When people who have wronged you show they are sorry, ask for help to forgive them.

Hechos Interesantes

- La ley romana decía que los cobradores de impuestos podían tomar todo el dinero que quisieran de sus compañeros judíos, siempre y cuando le dieran a Roma el impuesto requerido. Los cobradores de impuestos se enriquecieron pero la gente no los quería.

- La ley de Dios decía que alguien que fuera sorprendido robando tenía que pagar por lo menos cuatro veces lo que se había robado (ver Éxodo 22:1). Al decidir hacer eso, Zaqueo reconoció que había tomado tantos impuestos de la gente que era como robar.

Verdad de la Palabra de Dios

Cuando le hemos hecho daño a otros, Dios quiere que realmente nos arrepintamos de eso y que lo digamos. Pero eso no es suficiente. Él también quiere que demostremos que lo sentimos al cambiar la forma de actuar y al compensar a la gente por el mal que hemos hecho. Dios también espera que perdonemos a otros que nos han hecho daño.

Piensa en Zaqueo

Zaqueo demostró con sus acciones que su corazón había cambiado. No sólo prometió devolver la cantidad cuadruplicada, sino que dijo que daría la mitad de lo que tenía a los pobres. ¿Crees que Zaqueo realmente se arrepintió por lo que había hecho? ¿Qué lo hizo arrepentirse? ¿Cómo crees que sus acciones cambiaron después de eso?

Piensa en TU Vida

Cuando le has hecho daño a una persona, a veces es difícil decir: "Perdón." ¿Tienes que arreglar las cosas con alguien? ¿Cómo te sentirías si intentaras compensar a alguien que no acepta tu disculpa? ¿Qué crees que se necesita para que perdones a alguien que te hizo daño?

Ora por Arrepentimiento

1. Pídele a Jesús que te ayude a saber en tu corazón cuando le has hecho daño a alguien y que te ayude a arrepentirte.

2. Ora para encontrar la manera de demostrarle a la gente que has herido que estás arrepentido.

3. Pide ayuda para perdonar cuando la gente que te ha hecho daño demuestre que está arrepentida.

GROWING TIME · TIEMPO PARA CRECER

143

Judas

"How wonderful for you to be able to travel with Jesus! You are so blessed to be one of His disciples. Here! I hope this money will help buy what you need." A woman handed Judas a small silver denarius. Judas Iscariot smiled and took it. Inside of himself, he sneered. The woman wore fine clothes. She could have given more! A man came next and gave a gold shekel. Much better!

Judas

"¡Qué maravilloso que puedas viajar con Jesús! Eres tan bendecido por ser uno de sus discípulos. ¡Toma! Espero que este dinero les ayude a comprar lo que necesitan." Una mujer le entregó a Judas un pequeño denario de plata. Judas Iscariote sonrió y lo tomó. Dentro de sí hizo una mueca de desdén. La mujer tenía ropa fina. ¡Pudo haber dado más! Un hombre llegó después y dio un siclo de oro.

144

Judas lifted the money box just enough to see how heavy it was and then snuck a few coins into his pouch. Jesus and the other disciples would never miss them.

Jesus came toward him, a trail of poor people following behind. "Give them what we have, Judas."

Judas grew angry. "But, Lord, we hardly have enough money to buy food for ourselves and pay for a place to stay."

"Have faith, My friend. These people need the money more than we do."

He wasn't happy to do it, but Judas opened the money box and handed a coin to each person who came forward. Soon there was nothing left. Judas was glad he had already stolen some of the money for himself. He was not going to give his money away to anyone, not even Jesus!

For three years, Judas had traveled with Him, and still Jesus didn't proclaim Himself to be King of Israel. Judas grew tired of waiting! He was tired of hearing the sick, the poor, and the sad people beg for help. He expected Jesus to give His followers power to overthrow the Roman government leaders. But all Jesus did was feed people, heal them, comfort them, and talk, talk, talk!

¡Mucho mejor! Judas levantó la caja de dinero para ver cuánto pesaba y después metió unas cuantas monedas en su bolsillo. Jesús y los demás discípulos nunca lo notarían.

Jesús se le acercó y una fila de gente pobre lo seguía atrás. "Dales lo que tenemos, Judas."

Judas se enojó. "Pero, Señor, apenas tenemos suficiente dinero para comprar comida para nosotros y para pagar hospedaje."

"Ten fe, amigo mío. Esta gente necesita el dinero más que nosotros."

Judas no estaba contento de hacerlo, pero abrió la caja del dinero y le dio una moneda a cada persona que pasaba. Pronto se acabó. Judas se alegró por haberse robado un poco de dinero antes. No iba a regalarle su dinero a nadie. ¡Ni siquiera a Jesús!

Durante tres años, Judas había viajado con él, y Jesús todavía no se había proclamado Rey de Israel. ¡Judas estaba cansado de esperar! Estaba cansado de escuchar a los enfermos, a los pobres y a los tristes pedir ayuda. Esperaba que Jesús le diera poder a sus seguidores para derrocar a los líderes del gobierno romano. ¡Pero todo lo que Jesús hacía era alimentar a la gente, sanarla,

Judas wanted more from life than the few coins in his pouch.

When they reached Jerusalem, it was time for the Passover holiday, when Jews remembered how Moses had led their people out of Egypt long ago. Judas scurried away to the priests. He knew they hated Jesus for being more popular than they were. If he told them where to find Jesus, they would have Jesus arrested, and He would have to show His great power. He would have to make Himself the King or die!

consolarla y hablar, hablar y hablar! Judas quería más de la vida que unas cuantas monedas en su bolsillo.

Cuando llegaron a Jerusalén, era tiempo para la fiesta de la Pascua, cuando los judíos recordaban cómo Moisés había sacado a su pueblo de Egipto, hacía mucho tiempo. Judas salió corriendo a ver a los sacerdotes. Sabía que ellos odiaban a Jesús porque la gente lo estimaba más que a ellos. Si les decía dónde encontrar a Jesús, ellos arrestarían a Jesús y él tendría que demostrar su gran poder. ¡Tendría que

"Jesus will be in the garden of Gethsemane. I'll take you there tonight."

"How will we know which one is Jesus?"

"I'll kiss Him on the cheek," Judas said.

The priests paid Judas 30 pieces of silver. Judas was furious! Jesus was worth a hundred times more than that! Still, he took the money and left.

When Judas went to the Passover meal with the other disciples that evening, Jesus gave him the place of honor. Jesus spoke tenderly to him. He even broke off a piece of bread and gave it to him. Judas was proud. "What you are going to do," Jesus said, "do quickly." Surely Jesus meant He would make use of the opportunity Judas was giving Him to become King! All the disciples had been hoping and praying for this day. Grinning, Judas left the upper room.

But Jesus did not do what Judas expected. Instead, Jesus allowed Himself to be arrested in the garden after Judas kissed Him and the soldiers came. Jesus allowed Himself to be beaten, made fun of, and put on a cross to die between two thieves. The worst part of all was that everyone knew Judas had betrayed Jesus.

hacerse Rey o morir!

"Jesús estará en el jardín de Getsemaní. Yo los llevaré allá hoy por la noche."

"¿Cómo sabremos quién es Jesús?"

"Voy a besarlo en la mejilla," dijo Judas.

Los sacerdotes le pagaron a Judas 30 piezas de plata. ¡Judas estaba furioso! ¡Jesús valía cien veces más que eso! Pero tomó el dinero y se fue.

Cuando Judas fue a la cena de la Pascua con los demás discípulos esa noche, Jesús le dio el lugar de honor. Jesús le habló tiernamente. Hasta partió un pedazo de pan y se lo dio a él. Judas estaba orgulloso. "Lo que vas a hacer," le dijo Jesús, "hazlo rápidamente." ¡Seguramente Jesús se refería a que él utilizaría la oportunidad que Judas le estaba dando para convertirse en Rey! Todos los discípulos habían estado esperando y orando por este día. Sonriendo, Judas salió del aposento alto.

Pero Jesús no hizo lo que Judas esperaba. En lugar de eso, Jesús permitió que lo arrestaran en el jardín, cuando Judas lo besó y los soldados llegaron. Jesús permitió que lo golpearan, que se burlaran de él y que lo pusieran en una cruz para morir entre dos ladrones. Lo peor de todo fue que todos

Judas had double-crossed his friend and teacher, helping to murder a man who had done nothing wrong. Judas was filled with shame and wished he had never done it.

He tried to give the money back to the priests, but they said it was blood money and would not take it. Angry, Judas threw the 30 pieces of silver into the Temple. Weeping, he ran away and hanged himself.

Scriptures: Matthew 26:14-25, 47-50; 27:1-10; Mark 14:10-21, 43-46; Luke 22:1-23, 47-48; John 12:4-6; 13:2, 21-30; 18:2-3

☀

sabían que Judas lo había traicionado. Judas había entregado a su amigo y maestro y ayudó a asesinar a un hombre que no había hecho nada malo. Judas estaba lleno de vergüenza y deseaba no haberlo hecho nunca.

Trató de devolver el dinero a los sacerdotes, pero ellos dijeron que era dinero de sangre y que no lo aceptarían. Enojado, Judas lanzó las 30 piezas de plata en el Templo. Llorando, salió corriendo y se ahorcó.

Pasajes bíblicos: Mateo 26:14-25, 47-50; 27:1-10; Marcos 14:10-21, 43-46; Lucas 22:1-23, 47-48; Juan 12:4-6; 13:2, 21-30; 18:2-3

Interesting Facts

- The amount of money Judas was given for betraying Jesus might be worth a few thousand dollars today. It was equal to about a four-month salary.
- Judas's name means "praised and admired." Do you think anyone admires Judas now?

Truth from God's Word

Trying to do things on our own instead of God's way can get us in big trouble. As Jesus' followers, we have a choice to make. The choice God wants us to make is to listen and learn from His Son, to trust Him, and to obey His teachings.

Thinking about Judas

Why would Judas steal money that had been given for God's work? How might life have been different for Judas if he had truly loved Jesus? When Judas understood that he had made it possible for soldiers to arrest Jesus and put Him on a cross to die, he went back to the priests. Why do you think he tried to give the money back to them? Do you think it helped? Judas never saw Jesus' resurrection or knew that he could have gone to Jesus and asked for forgiveness. How might things have been different for Judas if he had done that?

Thinking about YOUR Life

In our world, it's easy to become greedy. Have you ever stolen anything? Did you return the item and ask for forgiveness from God and the person from whom you stole it? We all disobey God sometimes. But everyone can ask God for forgiveness. Because Jesus died on the cross for our sins, God forgives us when we put our trust in His Son.

Praying for Forgiveness

1. Pray that you will want to do what pleases God.
2. When you do something that's wrong, pray for strength to ask for forgiveness right away so you'll have a clear conscience.
3. Ask God to help you learn from your sins so you won't repeat them.
4. Pray that you will be content with what God has given you and not be greedy.

Hechos Interesantes

- La cantidad de dinero que le dieron a Judas por traicionar a Jesús podría ser unos miles de dólares ahora. Era equivalente, más o menos, a un sueldo de cuatro meses.
- El nombre de Judas significa "alabado y admirado." ¿Crees que alguien admira a Judas ahora?

Verdad de la Palabra de Dios

Tratar de hacer cosas a nuestro modo, y no al de Dios, puede meternos en grandes problemas. Como seguidores de Jesús, tenemos que decidir. Dios quiere que escuchemos y aprendamos de su Hijo, que confiemos en él y obedezcamos sus enseñanzas.

Piensa en Judas

¿Por qué robaría Judas el dinero que le habían dado para la obra de Dios? ¿De qué manera habría sido distinta su vida si en realidad hubiera amado a Jesús? Cuando Judas entendió que él había hecho que los soldados arrestaran a Jesús y que lo pusieran en una cruz para que muriera, volvió a los sacerdotes. ¿Por qué crees que trató de devolverles el dinero? ¿Crees que eso ayudó? Judas nunca vio la resurrección de Jesús, ni supo que pudo haberle pedido perdón. ¿De qué manera habría sido distinto si lo hubiera hecho?

Piensa en TU Vida

En nuestro mundo, es fácil volverse codicioso. ¿Alguna vez has robado algo? ¿Devolviste el artículo y pediste perdón a Dios y a la persona que se lo robaste? Todos desobedecemos a Dios a veces. Pero todos podemos pedirle perdón a Dios. Porque Cristo murió en la cruz por nuestros pecados, Dios nos perdona cuando confiamos en su Hijo.

Ora por Perdón

1. Ora para que quieras hacer lo que le agrada a Dios.
2. Cuando hagas algo malo, ora por fuerzas para pedir perdón inmediatamente, para que tengas una conciencia limpia.
3. Pídele a Dios que te ayude a aprender de tus pecados, para que no los repitas.
4. Ora para que estés contento con lo que Dios te ha dado y para que no seas codicioso.

149

GROWING TIME
TIEMPO PARA CRECER

Pilate scowled at Jesus, whom the Jewish priests brought to him. He had sent them all to Herod, hoping that the Jewish ruler would decide what to do with Jesus. Here they were back again, after Herod had made fun of Jesus and dressed Him in a purple robe.

Pilate, the Roman governor of Judea, knew what the Jewish priests wanted: They wanted Jesus killed. However, Roman law would not let them do it themselves. So they wanted him to do it for them.

One priest after another spoke against Jesus. "He claims to be a king.

Pilato miró a Jesús con el ceño fruncido. Los sacerdotes judíos lo habían llevado. Los había mandado a Herodes y esperaba que el gobernador judío decidiera qué hacer con Jesús. Pero habían vuelto, después de que Herodes se había burlado de Jesús y le había puesto una túnica morada.

Pilato, el gobernador romano de Judea, sabía lo que querían los sacerdotes judíos: matar a Jesús. Sin embargo, la ley romana no les permitía hacerlo. Entonces querían que él lo hiciera por ellos.

He tells the people not to pay taxes! He tells the people to fight against Rome!"

Pilate had heard other reports from the Jewish people: Jesus performed miracles; He healed the sick; He gave sight to the blind. The people loved Jesus, but they didn't love the priests. So Pilate understood how the priests

Un sacerdote tras otro habló en contra de Jesús. "Afirma ser rey. ¡Le dice a la gente que no pague impuestos! ¡Le dice a la gente que pelee en contra de Roma!"

Pilato había escuchado otros reportes de los judíos: Jesús hacía milagros, sanaba a los enfermos, les

felt. They were jealous because the people were like sheep, following Jesus instead of them.

"Are You King of the Jews?" Pilate thought Jesus would say He was not. Surely Jesus would defend Himself.

Jesus lifted His head enough to look into Pilate's eyes. "What you say is true."

Surprised, Pilate stared at Him. "So You are a king?"

"I am a King. That is why I was born. I came into the world to tell the truth."

A messenger came to Pilate with a note from his wife. "Have nothing to do with this innocent man. Last night I had a terrible nightmare because of Him."

"I find no guilt in Him," Pilate said. "Should I release Him?" He would let the people decide.

But the people had become an angry mob, and they told Pilate to release a criminal instead. The man was a murderer named Barabbas. When they saw Jesus they shouted, "Put Him on a cross. Crucify Him!" Jesus had not come to send their enemies out of their country. He had come to talk of peace with God, and they wanted none of it!

Jesus stood silent before the angry crowd. Pilate tried to get Him to say

devolvía la vista a los ciegos. La gente quería a Jesús, pero no querían a los sacerdotes. Entonces Pilato entendió cómo se sentían. Estaban celosos porque el pueblo era como ovejas; seguían a Jesús y no a ellos.

"¿Eres el Rey de los judíos?" Pilato ensó que Jesús le diría que no lo era. Seguramente Jesús se defendería.

Jesús levantó su cabeza lo suficiente para mirar a Pilato a los ojos. "Lo que dices es cierto."

Sorprendido, Pilato lo miró. "¿Entonces eres un rey?"

"Soy un Rey. Para eso nací. Vine al mundo a decir la verdad."

Un mensajero llegó a buscar a Pilato con una nota de su esposa. "No le hagas nada a este hombre inocente. Anoche tuve una horrible pesadilla por él."

"No encuentro culpa en él," dijo Pilato. "¿Lo libero?" Dejaría que la gente decidiera.

Pero la gente se había convertido en una turba enojada, y le dijeron a Pilato que liberara a un criminal en lugar de Jesús. El hombre era un asesino que se llamaba Barrabás. Cuando vieron a Jesús, gritaron: "¡Crucifícalo!" Jesús no había llegado a sacar a sus enemigos de su país. Había llegado a hablar de paz con Dios, y ellos no querían nada de eso!

something to save Himself. "Don't You know I have the authority to release You or have You killed?"

The priests and the people shouted, "If you release Jesus, you are no friend of the Roman emperor, Caesar!"

Pilate, the Roman governor, was afraid. How he hated these Jews! He even hated Jesus, because He was the center of the trouble Pilate was facing. He ordered that Jesus be whipped. Perhaps that would make Him speak for Himself. And if not, maybe the people would pity Him after He had been beaten.

The soldiers beat Jesus and put a crown of sharp thorns on His head.

Jesús estaba parado en silencio, frente a la multitud enojada. Pilato trató de hacer que dijera algo para salvarse. "¿No sabes que tengo la autoridad para liberarte o matarte?"

Los sacerdotes y la gente gritaron: "¡Si sueltas a Jesús, no eres amigo del emperador romano, César!"

Pilato, el gobernador romano, tenía miedo. ¡Cómo odiaba a estos judíos! Hasta odiaba a Jesús, porque era el centro del problema que estaba enfrentando. Ordenó que azotaran a Jesús. Quizás eso lo haría hablar para defenderse. Y si no, quizás la gente se apiadaría de él después de que lo golpearan.

But the people felt no pity. The people kept screaming for Jesus to die. Pilate was afraid that the priests might tell lies to Caesar and get him killed. He was afraid that the people might start a riot if he did not give them what they wanted. The whole mess was out of his control.

Angry, Pilate pointed to Jesus. "Look at your King!" Then he told the guards to take Jesus away to be crucified. He also gave orders to have a sign put on the top of the cross: "Jesus the Nazarene, the King of the Jews." He wanted the Jews to be ashamed of Jesus, for Pilate still thought He was just pretending to be a King.

Scriptures: Matthew 27:11-26; Mark 15:1-15; Luke 23:1-25; John 19:1-20

Los soldados golpearon a Jesús y le pusieron una corona de espinas afiladas en su cabeza. Pero la gente no se compadeció de él. Siguieron gritando para que Jesús muriera. Pilato tuvo miedo de que los sacerdotes dijeran mentiras a César y que lo mataran a él. Tuvo miedo de que la gente comenzara una revuelta si no les daba lo que querían. Todo el asunto estaba fuera de su control.

Enojado, Pilato señaló a Jesús. "¡Miren a su Rey!" Entonces dijo a los guardias que sacaran a Jesús para crucificarlo. También dio órdenes para que pusieran un letrero en la cruz: "Jesús Nazareno, el Rey de los Judíos." Quería que los judíos se avergonzaran de Jesús, porque Pilato todavía pensaba que sólo pretendía ser un Rey.

Pasajes bíblicos: Mateo 27:11-26; Marcos 15:1-15; Lucas 23:1-25; Juan 19:1-20

Interesting Facts

- Purple is the color of royalty, worn by kings. Herod's soldiers put a purple robe on Jesus to make fun of Him. They did not know that Jesus really is a King.
- Pilate was sent from Rome to Judea to "keep the peace." Every year he let the Jewish people choose a prisoner to set free. He thought he was doing his job when he gave the people what they wanted by setting Barabbas free.

Truth from God's Word

Sometimes we have to make difficult choices. God does not force us to do the right things. It is up to us to do what we know is right, even if it means our lives will be harder because of it. But sometimes people make bad choices and do wrong things.

Thinking about Pilate

Pilate had a very hard choice to make. He knew that Jesus was innocent—He had done nothing wrong—but the people wanted Him to die. Pilate sent Jesus to die to make the people happy. Pilate was warned by his wife not to harm Jesus, but he did not listen. How did this Roman governor go about making his important decision? Did he make a good decision or a bad decision? Could God have stopped Pilate? Why do you think God let Pilate send Jesus away to die on a cross?

Thinking about YOUR Life

Perhaps someone told you to do something you knew was wrong. If so, what did you do? Have you ever had to disagree with your friends to protect someone? What did you do? If anything like that happens again, what will you do?

Praying about Decisions

1. Thank God for teaching you in His Word what is right and good and true.
2. Ask God to help you be wise when you make decisions.
3. Tell God about any situation you are facing now, in which you know others would like you to make a wrong decision.

Hechos Interesantes

- Morado es el color de la realeza; lo usan los reyes. Los soldados de Heroes le pusieron una túnica morada a Jesús para burlarse de él. No sabían que Jesús en realidad es Rey.
- Pilato fue enviado desde Roma a Judea para "mantener la paz." Cada año dejaba que los judíos eligieran a un prisionero para liberarlo. Pensó que estaba haciendo su trabajo cuando le daba a la gente lo que quería al liberar a Barrabás.

Verdad de la Palabra de Dios

A veces tenemos que tomar decisiones difíciles. Dios no nos obliga a hacer lo correcto. De nosotros depende que sepamos lo que es correcto, aunque eso signifique que nuestras vidas serán más difíciles por ello. Pero a veces la gente toma decisiones malas y hace cosas incorrectas.

Piensa en Pilato

Pilato tuvo que tomar una decisión muy difícil. Sabía que Jesús era inocente, que no había hecho nada malo, pero la gente quería que muriera. Pilato mandó a Jesús a morir para satisfacerlos. Tuvo la advertencia de su esposa que no le hiciera daño a Jesús, pero no escuchó. ¿Qué hizo este gobernador romano para tomar esta decisión difícil? ¿Fue una decisión buena o mala? ¿Podía Dios detener a Pilato? ¿Por qué crees que Dios dejó que Pilato ordenara que Jesús muriera en una cruz?

Piensa en TU Vida

Tal vez alguien te dijo que hicieras algo que tú sabías que era malo. Si así es, ¿qué hiciste? ¿Alguna vez has tenido que discrepar con tus amigos para proteger a alguien? ¿Qué hiciste? Si algo así sucede otra vez, ¿qué vas a hacer?

Ora por las Decisiones

1. Agradécele a Dios por enseñarte en su Palabra lo que es correcto, bueno y verdadero.
2. Pídele a Dios que te ayude a ser sabio para tomar decisiones.
3. Cuéntale a Dios cualquier situación que estés enfrentando ahora, en la que sabes que otros quieren que tomes una mala decisión.

GROWING TIME
TIEMPO PARA CRECER

Thomas loved to listen to Jesus. He knew Jesus was the Messiah who had come to save the world. Thomas just didn't understand how Jesus would do that!

Thomas and the other disciples had been with Jesus when this message came from Jesus' friends Martha and Mary: "Your good friend Lazarus is very sick." Thomas worried when he heard the message, because he knew the sisters lived in Bethany. Their town was near the city of Jerusalem, where priests and other leaders of Israel hated Jesus and wanted to kill Him.

Thomas and the others listened but didn't understand what Jesus meant when He said, "This sickness will not end in death. The reason Lazarus is sick is so that God will receive glory. Everyone will praise God when they see how great and powerful the Son of God is." Jesus' followers were glad that for two days Jesus made no move to leave the place where they were staying, east of the Jordan River.

But after two days Jesus said, "Let us go to Bethany."

"No!" the disciples said. "The Jewish leaders nearby in Jerusalem want to stone you to death, Jesus, and You're going there again?"

"Our friend Lazarus has gone to sleep, and I must go to awaken him."

Tomás se deleitaba al escuchar a Jesús. Sabía que Jesús era el Mesías que había venido a salvar al mundo. ¡Pero no entendía cómo lo haría!

Tomás y los demás discípulos estaban con Jesús cuando llegó este mensaje de Marta y María, las amigas de Jesús: "Tu buen amigo Lázaro está muy enfermo." Tomás se preocupó cuando escuchó el mensaje, porque sabía que las hermanas vivían en Betania. Su pueblo estaba cerca de la ciudad de Jerusalén, donde los sacerdotes y otros líderes de Israel odiaban a Jesús y querían matarlo.

Tomás y los demás escucharon, pero no entendieron lo que Jesús dio a entender cuando dijo: "Esta enfermedad no terminará en muerte. La razón por la que Lázaro está enfermo es para que Dios sea glorificado. Todos alabarán a Dios cuando vean lo grande y poderoso que es el Hijo de Dios." Los seguidores de Jesús se alegraron de que por dos días Jesús no intentó irse del lugar donde estaban, al este del río Jordán.

Pero dos días después, Jesús dijo: "Vamos a Betania."

"¡No!" dijeron los discípulos. "Los líderes judíos que están cerca en Jerusalén quieren matarte a pedradas, Jesús, y ¿tú irás allá otra vez?"

"Nuestro amigo Lázaro

"If he is sleeping," they said, "he will get well!"

Jesus shook His head. "Lazarus is dead."

Thomas didn't know what Jesus was going to do, but if He had decided to risk being captured and killed, Thomas planned to be at His side. "Let us go too!" he told the others. "We'll die with Him!"

So they all had gone to Bethany, where Thomas heard Jesus call Lazarus to come out of his tomb. He saw Lazarus alive again!

But everything had changed quickly after that day. Their fellow disciple Judas Iscariot betrayed Jesus. The priests sent Temple guards and Roman soldiers to the garden of Gethsemane in the middle of the night to arrest Jesus. They held an illegal trial that Thursday night and decided He was guilty.

On Friday they got the Roman governor, Pilate, to say that Jesus should be put to death. Jesus allowed Himself to be beaten, spit upon, and made fun of before an angry mob. The Lord Jesus, whom Thomas loved and had followed for three years, was put on a cross to die on a hill between two thieves!

Thomas went away by himself and wept. He didn't understand how the

está dormido y tengo que ir a despertarlo."

"Si está dormido," dijeron, "mejorará."

Jesús sacudió su cabeza. "Lázaro está muerto."

Tomás no sabía lo que Jesús iba a hacer, pero si había decidido arriesgarse a que lo capturaran y lo mataran, Tomás planeaba estar de su lado. "¡Vayamos también!" dijo a los demás. "¡Moriremos con él!"

Por lo que todos habían ido a Betania, donde Tomás oyó a Jesús gritarle a Lázaro que saliera de su tumba. ¡Vio a Lázaro vivo otra vez!

Pero todo había cambiado rápidamente después de ese día. Su compañero Judas Iscariote traicionó a Jesús. Los sacerdotes enviaron guardias del Templo y soldados romanos al jardín de Getsemaní, en plena noche, a arrestar a Jesús. Hicieron un juicio ilegal ese jueves en la noche y decidieron que era culpable.

El viernes hicieron que el gobernador romano, Pilato, dijera que Jesús tenía que ser ejecutado. Jesús dejó que lo golpearan, que lo escupieran y que se burlaran de él ante una multitud furiosa. El Señor Jesús, a quien Tomás amaba y había seguido por tres años, fue puesto en una cruz para que muriera, en una colina

Son of God could be murdered on a cross! Why hadn't Jesus called for angels to fight for Him? Nothing made sense to him anymore. Without Jesus, all hope was gone.

On Sunday, Mary found the disciples. She was so excited. "I've seen Jesus. He's alive!"

Thomas wished he could believe her, but he couldn't. Later that night he came to the upper room, and the other disciples cried out, "You just missed

¡entre dos ladrones!

Tomás se fue solo y lloró. ¡No entendía cómo el Hijo de Dios podía ser asesinado en una cruz! ¿Por qué Jesús no había llamado ángeles que pelearan por él? Ya nada tenía sentido para él. Sin Jesús, se habían acabado todas las esperanzas.

El domingo, María encontró

Him. Jesus was here. He really is alive! We've seen Him!"

In your dreams! Thomas thought. If only it was true!

"Unless I see and touch the place in His hands where He was nailed to the

a los discípulos. Estaba tan emocionada. "He visto a Jesús. ¡Está vivo!"

Tomás quería creerle, pero no podía. Más tarde, esa noche, llegó al aposento alto y los otros discípulos gritaron: "Te lo perdiste. Jesús estuvo aquí.

cross, and put my hand into His side where they speared Him, I will not believe."

The next week, Jesus entered the upper room again. This time Thomas was there. He stared, his heart full of hope again. Jesus held out His hands, palms up. "Touch Me, Thomas. Put your hand in My side."

But Thomas didn't need to touch Jesus. He knew and he wept, this time with joy!

"My Lord and my God!" He would never doubt the power of God again.

Scriptures: John 11:3-16, 41-44; 20:18-29

☀

¡En verdad está vivo! ¡Lo hemos visto!"

¡En sus sueños! pensó Tomás. *¡Si tan sólo fuera cierto!*

"A menos que vea y toque en sus manos el lugar donde lo clavaron en la cruz y meta mi mano en su costado, donde le metieron la lanza, no creeré."

A la semana siguiente, Jesús volvió a entrar al aposento alto. Esta vez, Tomás estaba allí. Lo vio, con su corazón nuevamente lleno de esperanzas. Jesús sacó sus manos, con las palmas hacia arriba. "Tócame, Tomás. Pon tu mano en mi costado."

Pero Tomás no necesitaba tocar a Jesús. Lo supo y lloró, ¡pero esta vez de gozo!

"¡Mi Señor y Dios!" Nunca más volvería a dudar del poder de Dios.

Pasajes bíblicos: Juan 11:3-16, 41-44; 20:18-29

Interesting Facts

- After Jesus came back to life, which is called His *resurrection*, He could walk through locked doors. But He wasn't a ghost, because He could eat and His friends could touch Him.

- Jesus had several younger brothers. (They were half brothers, because Jesus was *God's* Son, not Joseph's.) They didn't believe Jesus was God until He came back to life. Then His brother James became a church leader and wrote a book in the Bible that's named after him.

Truth from God's Word

God is pleased with people who believe in His Son, Jesus. Sometimes we need to see before we will believe. But Jesus said that those who believe in Him without even seeing Him will be blessed with joy and peace.

Thinking about Thomas

Until Jesus died, Thomas faithfully followed Him. Then Thomas began to have doubts. He questioned whether or not Jesus really was the Son of God. Why do you think Thomas had doubts? What might Thomas have expected Jesus to do when the soldiers came? Why did Thomas change his mind about needing to touch Jesus' scars?

Thinking about YOUR Life

Some things are easy to believe without seeing. For example, you can't see or touch the wind, but you know it's there because you can feel it moving around you. What about Jesus? Have you ever felt like Thomas, wishing you could see and touch Jesus to believe He is real? Think about the little miracles that show Jesus is with you. What are some prayers He has answered? How does He show His love through the people around you? God has also given you the Bible so you can learn about Jesus. Name one or two things you've learned about Him.

Praying about Doubts

1. Ask Jesus to help you learn all about Him so that any doubts you have will be taken away.

2. Pray that you will be able to see the miracles that happen around you every day.

3. Tell Jesus that you want Him to be your Lord and God.

Hechos Interesantes

- Cuando Jesús volvió a vivir, llamado su *resurrección*, pudo pasar por puertas cerradas. Pero no era un espíritu, porque pudo comer y sus amigos pudieron tocarlo.

- Jesús tuvo varios hermanos menores. (Eran medio hermanos, porque Jesús era el Hijo de *Dios*, no de José.) Ellos no creyeron que Jesús era Dios hasta que resucitó. Entonces, su hermano Santiago llegó a ser un líder de la iglesia y escribió un libro en la Biblia que se llama igual que él.

Verdad de la Palabra de Dios

Dios está satisfecho con la gente que cree en su Hijo, Jesús. A veces necesitamos ver antes de creer. Pero Jesús dijo que los que creen en él sin haberlo visto nunca serán bendecidos con gozo y paz.

161

Piensa en Tomás

Tomás siguió a Jesús fielmente hasta que murió. Entonces Tomás empezó a tener dudas. Cuestionaba si Jesús era realmente el Hijo de Dios. ¿Por qué crees que Tomás tuvo dudas? ¿Qué pudo haber esperado Tomás que Jesús hiciera cuando los soldados llegaron? ¿Por qué cambió de parecer Tomás en cuanto a la necesidad de tocar las cicatrices de Jesús?

Piensa en TU Vida

Es fácil creer algunas cosas sin verlas. Por ejemplo, no puedes ver ni tocar el viento, pero sabes que está allí porque sientes que se mueve a tu alrededor. ¿Y Jesús? ¿Alguna vez te has sentido como Tomás y quisieras ver y tocar a Jesús para creer que es real? Piensa en los pequeños milagros que muestran que Jesús está contigo. ¿Cuáles son algunas oraciones que te ha respondido? ¿Cómo muestra su amor por medio de la gente que te rodea? Dios también te ha dado la Biblia para que puedas aprender de Jesús. Menciona una o dos cosas que hayas aprendido de él.

Ora por las Dudas

1. Pídele a Jesús que te ayude a aprender todo acerca de él, para que las dudas que tengas desaparezcan.

2. Ora para que puedas ver los milagros que suceden a tu alrededor todos los días.

3. Dile a Jesús que quieres que él sea tu Señor y Dios.

Sapphira had never seen so much money. She began to imagine all the things it could buy. Ananias looked unhappy. "I never thought the land would sell. I wish I'd never made that promise!"

They had told Peter and Jesus' other followers that they would sell a piece of land and give all the money to the church. Sapphira had felt proud when everyone praised her and her husband

Safira nunca había visto tanto dinero. Ella comenzó a imaginar todas las cosas que podría comprar. Ananías no se veía contento. "Nunca pensé que la tierra se vendería. ¡Ojalá nunca hubiera hecho esa promesa!"

Le habían dicho a Pedro y a los demás seguidores de Jesús que venderían un terreno y que darían todo el dinero a la iglesia. Safira se había sentido orgullosa cuando todos los

for being so kind and generous. But now, seeing the money, she regretted the promise just as her husband did.

Ananias took some of the money and gave it to his wife. "Hide this money. I'll take the rest to Peter and tell him this is all we got for

elogiaron por ser tan buenos y generosos. Pero ahora, al ver el dinero, lamentaba la promesa, al igual que su esposo.

Ananías guardó algo del dinero y se lo dio a su esposa. "Esconde este dinero. Llevaré el resto a Pedro

the land."

Sapphira agreed. "After all, it was our land, so it's our money. Why shouldn't we keep some for ourselves?"

"No one will know. And we are still giving a big gift to the church. No one has given this much before."

Ananias left to speak to Peter, and Sapphira looked for a place to hide the money. She hurried because she did not want Ananias to get all the praise for giving the money to Peter.

When Sapphira arrived at church, everyone looked at her. She felt so proud. Peter was waiting to speak to her. Sapphira was sure he was going to praise her for the gift and tell her in front of all these other people what a wonderful Christian she was to give so much money to the church.

"Sapphira, was the money Ananias brought to us the full amount you got for selling the land?"

Sapphira was angry. How dare he ask such a question!

"Yes, that was the price. Where is Ananias?" She looked around for her husband. "Ask him. He will tell you."

Peter looked sad. "No one asked you to sell your land or give all the money to the church. You and Ananias came up with that idea yourselves. When

y le diré que esto es todo lo que nos dieron por la tierra."

Safira estuvo de acuerdo. "Después de todo, era nuestra tierra, por lo que es nuestro dinero. ¿Por qué no quedarnos con algo?"

"Nadie lo sabrá. Y todavía estamos dando un gran regalo a la iglesia. Hasta aquí nadie ha dado tanto."

Ananías se fue a hablar con Pedro y Safira buscó un lugar para esconder el dinero. Se apresuró porque no quería que sólo Ananías obtuviera todos los elogios por darle el dinero a Pedro.

Cuando Safira llegó a la iglesia, todos la miraron. Se sentía tan orgullosa. Pedro la estaba esperando para hablar con ella. Safira estaba segura de que la iba a elogiar por el regalo y le diría, enfrente de toda esta gente, qué cristiana tan maravillosa era por dar tanto dinero a la iglesia.

"Safira, el dinero que Ananías nos trajo ¿era toda la cantidad que recibieron por vender la tierra?"

Safira se enojó. ¡Cómo se atrevía a hacer tal pregunta!

"Sí, ese fue el precio. ¿Donde está Ananías?" Miró a su alrededor, buscando a su esposo. "Pregúntale. Él te lo dirá."

Pedro se veía triste. "Nadie les

you made your promise to me about doing that, you were also making the promise to God. You and Ananias thought you could lie to God, but God knows the truth."

Sapphira and her husband, Ananias, both died that very day.

Scripture: Acts 5:1-10

pidió que vendieran su tierra, ni que dieran todo el dinero a la iglesia. Tú y Ananías surgieron con esa idea. Cuando me prometieron hacer eso, también le estaban prometiendo a Dios. Tú y Ananías pensaron que podían mentirle a Dios, pero Dios sabe la verdad."

Safira y su esposo, Ananías, murieron ese mismo día.

Pasaje bíblico: Hechos 5:1-10

Interesting Facts

- Sapphira means "beautiful" and comes from the word *sapphire*, which is a beautiful gem. Perhaps Sapphira was beautiful on the outside. But when she lied and did not keep her promise to God, she was anything but beautiful on the inside.

- The people who were part of the church all shared their things with one another so that no one was poor. They lived together in communes, which are like farms. Many families would live and work together in a commune.

Truth from God's Word

God always keeps His promises and expects us to do the same. He will always help us be strong enough to keep our promises. It's very important not to make promises—especially to God—that we do not plan to keep.

Thinking about Sapphira

Ananias and Sapphira could have lived long, happy lives, but they were too interested in trying to make other people think they were great. They were not interested in pleasing God. What did Sapphira and her husband tell Peter they were going to do? What did they do instead? Can you think of one or more commandments that Sapphira disobeyed? (See Exodus 20:1-17.)

Thinking about YOUR Life

Perhaps some people have broken promises to you. If so, how did it make you feel? Name some promises God has made to you. How many of them do you think He will keep? What are some promises that you might make to God? How do you think God feels if you break a promise to Him? Sometimes pleasing others is more important to us than keeping our promises to God. If you want to please God, what will you do about the promises you make?

Praying about Promises

1. Thank God for keeping His promises to you.
2. Pray that God will help you keep your promises to Him and to other people.
3. Tell God you want to please Him instead of trying to make yourself look great to other people.

Hechos Interesantes

- Safira quiere decir "bella" y viene de la palabra *zafiro*, que es una gema bella. Tal vez Safira era bella por fuera. Pero al mentir y no cumplir la promesa que le había hecho a Dios, no fue nada bella por dentro.

- La gente que era parte de la iglesia compartía sus cosas unos con otros, para que nadie fuera pobre. Vivían juntos en comunas, que eran como granjas. Muchas familias vivían y trabajaban juntas en una comuna.

Verdad de la Palabra de Dios

Dios siempre cumple sus promesas y espera que nosotros hagamos lo mismo. Siempre nos dará la fuerza necesaria para cumplir nuestras promesas. Es muy importante no prometer —especialmente a Dios— lo que no tenemos intención de cumplir.

Piensa en Safira

Ananías y Safira pudieron haber tenido vidas largas y felices, pero estaban demasiado interesados en tratar de que los demás pensaran que eran grandiosos. No les interesaba agradar a Dios. ¿Qué le dijeron Safira y su esposo a Pedro que iban a hacer? ¿Qué hicieron en lugar de eso? ¿Puedes pensar en uno o más mandamientos que Safira desobedeció? (Ver Éxodo 20:1-17.)

Piensa en TU Vida

Tal vez algunas personas han roto promesas que te han hecho. Si así es, ¿cómo te sentiste? Menciona algunas de las promesas que Dios te ha hecho. ¿Cuántas crees que cumplirá? ¿Qué promesas podrías hacerle a Dios? ¿Cómo crees que Dios se siente si rompes una promesa que le has hecho? A veces, complacer a otros es más importante que cumplir lo que le hemos prometido a Dios. Si quieres complacer a Dios, ¿qué harás con tus promesas?

Ora por las Promesas

1. Agradécele a Dios por cumplir las promesas que te ha hecho.
2. Ora para que Dios te ayude a cumplir las promesas que le has hecho a él y a otros.
3. Dile a Dios que quieres agradarlo y que no quieres tratar de hacer que otros te vean como alguien grandioso.

Saul (Paul)

"We must get rid of these Christians now!" Saul said. "They are leading our people astray with their teachings about Jesus."

The Jewish leaders, including the Sadducees and Pharisees like Saul, agreed. "Over 3,000 people became believers in Jesus during our last Pentecost holiday! They must be stopped!"

"Let me go and find these Christians," Saul said. The leaders agreed. So Saul broke into houses and dragged men and women away to prison. Some ran away and spread the gospel in

Saulo (Pablo)

"¡Tenemos que deshacernos de esos cristianos ahora!" dijo Saulo. "Están extraviando a nuestro pueblo con sus enseñanzas de Jesús."

Los líderes judíos, incluso los saduceos y los fariseos como Saulo, estuvieron de acuerdo. "¡Más de 3.000 personas llegaron a ser creyentes en Jesús durante la pasada fiesta de Pentecostés! ¡Tenemos que poner fin a esto!"

"Permítanme ir a buscar a estos cristianos," dijo Saulo. Los líderes

other cities. "Let me hunt them all down," Saul said. "If they won't take back what they have said about believing in Jesus, they must be killed!"

The leaders agreed with Saul. "Go and find the Christians. Take these letters to Damascus and warn our people against believing in Jesus. Then seize His followers and kill them."

estuvieron de acuerdo. Entonces Saulo irrumpía en las casas y arrastraba hombres y mujeres a la cárcel. Algunos huían y esparcían el evangelio en otras ciudades. "Déjenme atraparlos a todos," dijo Saulo. "Si no se arrepienten de haber creído en Jesús, ¡deben morir!"

Los líderes estuvieron de acuerdo con Saulo. "Ve a buscar a los cristianos.

Saul looked forward to finding many believers in Damascus. But on the way there, he was shocked as a light from heaven flashed around him. Blinded by the bright light, he fell to the ground. "Saul," a voice said from heaven. "Saul, why are you hurting Me?"

Terrified, Saul trembled. "Who are You, Lord?"

"I am Jesus, whom you are hurting. But get up and go into Damascus, and you'll be told what you must do."

The others with Saul helped him get into the city and left him there. Saul prayed for forgiveness and waited. Three days later, a stranger named Ananias came to him. (This was not Sapphira's husband, the man named Ananias who had died.) "Brother Saul, the Lord Jesus has sent me so that you may receive your sight again and be filled with the Holy Spirit."

The moment Ananias spoke, thin pieces of skin like the scales on a fish fell from Saul's eyes, and he could see again! "Jesus is the Messiah!" Saul said. "He is the Son of God!"

Saul became known as the apostle Paul when he went out on his first missionary journey. He went from city to city, teaching about Jesus. He started churches everywhere he went. Many

Lleva estas cartas a Damasco y adviértele a nuestro pueblo que no crea en Jesús. Después, agarra a sus seguidores y mátalos."

Saulo ansiaba encontrar muchos creyentes en Damasco. Pero en el camino, lo rodeó el resplandor de una luz desde el cielo y lo conmocionó. Cegado por la luz brillante, cayó al suelo. "Saulo," dijo una voz del cielo. "Saulo, ¿por qué me estás haciendo daño?

Aterrorizado, Saulo temblaba. "¿Quién eres, Señor?"

"Soy Jesús, a quien tú persigues. Pero levántate y ve a Damasco y allá se te dirá lo que debes hacer."

Los que iban con Saulo lo ayudaron a entrar a la ciudad y lo dejaron allí. Saulo oró pidiendo perdón y esperó. Tres días después, un desconocido que se llamaba Ananías lo fue a ver. (No era el esposo de Safira, que se llamaba Ananías y había muerto.) "Hermano Saulo, el Señor Jesús me ha enviado para que puedas recuperar la vista y que seas lleno del Espíritu Santo."

Cuando Ananías habló, pequeños pedazos de piel, como escamas de pez, cayeron de los ojos de Saulo, ¡y otra vez pudo ver! "¡Jesús es el Mesías!" dijo Saulo. ¡Él es el Hijo de Dios!"

Saulo llegó a ser conocido como el apóstol Pablo cuando salió en su

people believed Paul, learning to love and follow Jesus. But many others did not believe Paul. They hated him and often started riots when he spoke. Five times, he received 39 lashes with a whip! Once he was stoned and left for dead. But after Jesus' followers gathered around him, he was able to get up again. Three times, Paul was shipwrecked.

He worked hard as a tent maker in order to make a living and keep teaching. He traveled all across the Roman Empire and suffered from hunger, thirst, cold winters, and hot summers. He crossed rivers and mountains, and he faced robbers, angry Jewish leaders, and Romans who wanted to kill him. Everywhere Paul went, he lived in danger but still praised Jesus and trusted in Him.

In the end, Paul was put in prison for telling the truth about Jesus being God's Son. Paul knew he would probably be put to death, but he looked forward to finishing his life on earth. He called his life a race. He was glad he had run his race well, but now he was ready to live with Jesus in heaven.

After the day Jesus spoke to Paul on the road to Damascus, all that mattered to Paul was telling

primer viaje misionero. Fue de ciudad en ciudad, y enseñaba acerca de Jesús. Iniciaba iglesias a donde iba. Mucha gente le creía a Pablo; aprendía a amar y a seguir a Jesús. Pero otros tantos no le creían. Lo odiaban y a menudo iniciaban revueltas cuando él hablaba. ¡Cinco veces recibió 39 latigazos! Una vez lo apedrearon y lo dejaron por muerto. Pero después de que los seguidores de Jesús se reunieron a su alrededor, pudo levantarse. Tres veces naufragó.

Trabajaba duro haciendo tiendas para poder vivir y seguir enseñando. Viajó por todo el imperio romano y pasó hambre, sed, inviernos fríos y veranos cálidos. Cruzó ríos y montañas, y enfrentó ladrones, líderes judíos furiosos y romanos que querían matarlo. A donde Pablo iba, vivía en peligro, pero aun así alababa a Jesús y confiaba en él.

Al final, Pablo fue encarcelado por decir la verdad de que Jesús es el Hijo de Dios. Pablo sabía que probablemente lo matarían, pero ansiaba terminar su vida en la tierra. Decía que su vida era una carrera. Estaba contento de haber corrido bien su carrera, pero ahora estaba listo para vivir con Jesús en el cielo.

Después del día que Jesús

everyone who would listen to him to believe in Jesus Christ. He is the Son of God, the Messiah, our Savior and Lord!

Scriptures: Acts 8:3; 9:1-19; 13–14; 15:36–28:31; 2 Corinthians 11:22-28; 2 Timothy 4:6-8

le habló a Pablo en el camino a Damasco, todo lo que le importaba a Pablo era decirle a todo el que lo escuchara que creyera en Jesucristo. ¡Él es el Hijo de Dios, el Mesías, nuestro Señor y Salvador!

Pasajes bíblicos: Hechos 8:3; 9:1-19; 13–14; 15:36–28:31; 2 Corintios 11:22-28; 2 Timoteo 4:6-8

Interesting Facts

- Saul was also known as Paul. Saul was a Jewish name. Paul was his Roman name. Sometimes God changed people's names when they turned to Him. Other times it was when their position in life changed.

- Even though Paul had to face angry crowds and difficult travel conditions, he went on three missionary trips. He traveled thousands of miles across the Roman Empire. And he wrote letters to individuals and churches he had visited. Thirteen of his letters are books in the New Testament!

Truth from God's Word

God is sad when people are unkind to His followers. But He forgives all who turn to Him, no matter what they have done. Anyone who becomes a believer can teach others about Jesus.

Thinking about Saul (Paul)

Paul spent the first half of his life hunting down Christians and sending them to prison. He spent the second half of his life as a Christian himself. How do you think Paul's life would have been different if Jesus had not spoken to him? How do you think Paul felt about the way he had treated Christians? Other Christians were afraid of him at first. Do you think it was hard for them to forgive Paul?

Thinking about YOUR Life

Maybe some people are unkind to you or make fun of you because of what you believe. How does that make you feel? Have you ever hurt or made fun of someone who believed something that you didn't? Is it ever right to be mean to someone who doesn't agree with you? Asking for forgiveness from God and the person you wronged is always the right choice.

Praying for People Who Don't Know Jesus

1. Ask God to protect Christians everywhere so people who don't know Jesus will not treat us badly because of our beliefs.

2. Pray that you will never be mean to someone for disagreeing with you about who Jesus is.

3. Pray for opportunities to tell your friends and family members how much Jesus loves them.

Hechos Interesantes

- Saulo también era conocido como Pablo. Saulo era un nombre judío. Pablo era su nombre romano. A veces Dios cambiaba los nombres de la gente cuando se convertían. Otras veces, era cuando cambiaba su situación en la vida.

- Aunque Pablo tuvo que enfrentar multitudes enojadas y condiciones de viaje difíciles, hizo tres viajes misioneros. Viajó miles de kilómetros por el imperio romano. Y escribió cartas a personas e iglesias que había visitado. Trece de sus cartas ¡son libros del Nuevo Testamento!

Verdad de la Palabra de Dios

Dios se entristece cuando la gente es mala con sus seguidores. Pero perdona a todos los que lo buscan, sin importar qué hayan hecho. Cualquiera que llega a ser creyente puede enseñarle a otros de Jesús.

Piensa en Saulo (Pablo)

Pablo pasó la primera mitad de su vida persiguiendo cristianos y encarcelándolos. Pasó la segunda mitad de su vida como cristiano. ¿De qué manera crees que habría sido la vida de Pablo si Jesús no le hubiera hablado? ¿Cómo crees que Pablo se sentía por la manera en que había tratado a los cristianos? Otros cristianos le tenían miedo al principio. ¿Crees que fue difícil para ellos perdonar a Pablo?

Piensa en TU Vida

Tal vez algunas personas son malas contigo o se burlan de ti por lo que crees. ¿Cómo te hace sentir eso? ¿Alguna vez has herido a alguien o te has burlado de alguien que cree algo que tú no crees? ¿Es correcto ser malo con alguien que no está de acuerdo contigo? Pedirle perdón a Dios y a la persona que heriste es siempre la decisión correcta.

Ora por la Gente Que No Conoce a Jesús

1. Pídele a Dios que proteja a los cristianos de todas partes, para que la gente que no conoce a Jesús no nos trate mal por nuestras creencias.

2. Ora para que nunca seas malo con alguien que no piensa de Jesús lo mismo que tú.

3. Ora por oportunidades de contarles a tus amigos y familia cuánto los ama Jesús.

Ananias

Before Ananias met Saul, he heard shocking news about this man. Ananias had friends who lived more than 100 miles away in Jerusalem. Once in a while a messenger from there would bring a letter to him in Damascus. "Stephen was stoned to death," one said. "A Pharisee named Saul is dragging Christians from

Ananías

Antes de que Ananías conociera a Saulo, escuchó noticias terribles de este hombre. Ananías tenía amigos que vivían a más de 160 kilómetros de distancia, en Jerusalén. De vez en cuando, un mensajero de allá le llevaba una carta a Damasco. "Esteban fue muerto a pedradas," decía una. "¡Un fariseo llamado

their homes and throwing them into prison!"

When Ananias heard that Saul was on his way to Damascus, he became fearful, not only for himself but for all his Christian friends who lived in the city. He prayed, went out to warn his friends, and went to bed exhausted.

"Ananias!"

Ananias awakened and sat up. He knew right away that it was Jesus who was talking to him in a vision. "Yes, Lord!"

"Go to a street called Straight and find the house of Judas. Ask for Saul from Tarsus." (The man named Judas, of course, was not the disciple Judas, who had betrayed Jesus.)

"But, Lord!" Ananias said, a feeling of horror coming over him. "I have heard terrible things about Saul. He has caused great harm to many of Your followers in Jerusalem. And he has been sent here with the authority of the Jewish leaders to arrest anyone who believes in You!"

"Go, Ananias. Saul is My chosen servant. He will teach people about Me. Besides the Jewish people of Israel, he will teach people who aren't Jewish (the Gentiles) and their kings. And I will show him how much he must suffer for My name's sake."

If Saul became a Christian, it would

175

Saulo saca a los cristianos de sus casas y los arrastra a la cárcel!"

Cuando Ananías supo que Saulo iba a Damasco, tuvo temor, no sólo por sí mismo sino por todos sus amigos cristianos que vivían en la ciudad. Oró, salió a advertirle a sus amigos y se fue a la cama agotado.

"¡Ananías!"

Ananías se despertó y se sentó. Inmediatamente supo que era Jesús quien le hablaba en una visión. "¡Sí, Señor!"

"Ve a la calle que se llama Derecha y busca la casa de Judas. Pregunta por Saulo de Tarso." (Judas, por supuesto, no era el discípulo Judas, que traicionó a Jesús).

"¡Pero, Señor!" dijo Ananías, con una sensación de terror que le sobrevino. "Me he enterado de cosas horribles acerca de Saulo. Ha hecho gran daño a muchos de tus seguidores en Jerusalén. Y lo han enviado aquí con la autoridad de los líderes judíos a arrestar a cualquiera que crea en ti!"

"Ve, Ananías. Saulo es mi siervo elegido. Le enseñará de mí a la gente. Además del pueblo judío de Israel, le enseñará a los que no son judíos (los gentiles) y a sus reyes. Y yo le mostraré cuánto tiene que sufrir por mí."

Si Saulo se convirtiera, ¡sería un

be a great miracle indeed! Ananias went quickly to Judas's house and found Saul there. The man who had caused many believers to be hurt or killed was now blind, sitting in darkness and praying. "I did not see, Lord. I did not understand. Forgive me. . . ."

Ananias felt no more fear of Saul. Instead, he felt sorry for him. He really cared about Saul and wanted to help him. Ananias spoke gently as he laid his hands on this man who had been sent to destroy Christians.

verdadero milagro! Ananías se fue rápidamente a la casa de Judas, donde encontró a Saulo. El hombre que había hecho tanto daño a los creyentes, incluso que los mataran, ahora estaba ciego, sentado en la oscuridad, y oraba. "No veía, Señor. No entendía. Perdóname. . . ."

Ananías ya no le tenía miedo a Saulo. En cambio, le daba lástima. Se preocupó por él y quiso ayudarlo. Ananías le habló suavemente a medida que ponía sus manos sobre este hombre a quien habían enviado

"Brother Saul, the Lord Jesus, who talked to you on the road to Damascus, has sent me to you. I have come so that you may receive your sight again and be filled with the Holy Spirit."

Ananias heard Saul take a quick breath and saw something like the

a destruir cristianos. "Hermano Saulo, el Señor Jesús, que te habló en el camino a Damasco, me ha enviado a ti. He venido para que puedas recuperar la vista y seas lleno del Espíritu Santo."

Ananías escuchó que Saulo aspiró rápidamente y vio que algo parecido

scales of a fish fall from Saul's eyes. In their place, his eyes filled with tears of thankfulness. "Jesus is the Lord!" Saul said. "He is the Son of God!"

Ananias smiled. "Yes, He is. Jesus is Lord of all!" After Saul was baptized, Ananias asked Judas to bring food. Then Ananias, Judas, and Saul sat and ate together.

Jesus had performed another great miracle. He had turned an enemy into a friend.

Scripture: Acts 9:1-19

a escamas de pez caía de los ojos de Saulo. Se le llenaron los ojos de lágrimas de agradecimiento. "¡Jesús es el Señor!" dijo Saulo. "¡Él es el Hijo de Dios!"

Ananías sonrió. "Sí, así es. ¡Jesús es el Señor de todo!" Después de que Saulo fuera bautizado, Ananías le pidió a Judas que llevara comida. Entonces Ananías, Judas y Saulo se sentaron a comer juntos.

Jesús había hecho otro gran milagro. Había transformado a un enemigo en un amigo.

Pasaje bíblico: Hechos 9:1-19

Interesting Facts

- Damascus is one of the oldest cities in the world. People who study history think it may have existed for 10,000 years! Many buildings there today are thousands of years old. A stone church in the city is called St. Paul's Chapel.

- The street named Straight is the only street mentioned by name in the Bible and is still in Damascus today. While not totally straight, it does run straight through Damascus and used to be the main road through the city. Now it is a marketplace, with all sorts of shops along the way.

Truth from God's Word

God works through people who help carry out His plans. He is pleased when people trust Him and do what He asks, even if He asks them to do something they don't want to do.

Thinking about Ananias

Ananias knew that Saul had spent his life hunting people who believed in Jesus. How do you think Ananias felt when God asked him to go to Saul? Why do you think he went anyway? What helped Ananias understand that Saul was no longer an enemy?

Thinking about YOUR Life

There may be people you know who are just starting to learn about Jesus. Maybe God wants you and your family to visit with them and show that you care about them. How and when could you do that? If they are new followers of Jesus, you may need to forgive them for the way they treated you in the past. A person who seemed like an enemy could become your friend.

Praying for People Who Don't Know Jesus

1. Ask God to make it clear to you and your family if there is a new follower of Jesus He would like you to visit.

2. Ask God to help you plan things you and others in your church can say and do to help new believers grow to be more like Jesus.

3. Pray that you will do whatever God asks you to do without fear.

Hechos Interesantes

- Damasco es una de las ciudades más antiguas del mundo. La gente que estudia historia cree que ¡pudo haber existido por 10.000 años! Muchos edificios que están allí ahora tienen miles de años. Una iglesia de piedra de la ciudad se llama la Capilla de San Pablo.

- La calle que se llama Derecha es la única que se menciona en la Biblia y todavía está en Damasco. Aunque no es derecha totalmente, pasa por todo Damasco y solía ser la calle principal en toda la ciudad. Ahora es un mercado, con toda clase de tiendas a lo largo del camino.

Verdad de la Palabra de Dios

Dios obra a través de personas que ayudan a llevar a cabo sus planes. Se agrada cuando la gente confía en él y hace lo que él pide, aunque les pida hacer algo que no quieran hacer.

179

Piensa en Ananías

Ananías sabía que Saulo había pasado su vida persiguiendo a la gente que creía en Jesús. ¿Cómo crees que Ananías se sintió cuando Dios le pidió que fuera a ver a Saulo? ¿Por qué crees que de todos modos fue? ¿Qué lo ayudó a entender que Saulo ya no era un enemigo?

Piensa en TU Vida

Podría haber gente que conoces que está empezando a aprender de Jesús. Tal vez Dios quiere que tú y tu familia los visiten y les muestren que se preocupan por ellos. ¿Cómo y cuándo podrías hacer esto? Si son nuevos seguidores de Jesús, quizás debas perdonarlos por la manera en que te trataron en el pasado. Alguien que parecía ser enemigo podría llegar a ser tu amigo.

Ora por la Gente Que No Conoce a Jesús

1. Pídele a Dios que te clarifique, a ti y a tu familia, si hay algún nuevo seguidor de Jesús que él quiere que ustedes visiten.

2. Pídele a Dios que te ayude a planificar lo que tú y otras personas de tu iglesia pueden decir y hacer para ayudar a los creyentes nuevos a parecerse más a Jesús.

3. Ora para que hagas lo que Dios te pida que hagas, sin miedo.

Dorcas

One day, in the city of Joppa, a woman named Dorcas died. Many people came to cry because they felt so sad.

"Why did Dorcas have to die?" a woman cried. "Dorcas was a wonderful friend! She made this robe for me."

Another woman sat rocking back and forth, wishing that Dorcas had not died. "She made a tunic for my son when I had no clothes for him."

"She made this coat to keep me warm," a man said.

Dorcas

Un día, en la ciudad de Jope, se murió una mujer que se llamaba Dorcas. Muchos llegaron a llorar porque se sentían muy tristes.

"¿Por qué tenía que morirse Dorcas?" lloraba una mujer. "¡Era una amiga maravillosa! Me hizo esta túnica."

Otra mujer que estaba sentada, meciéndose de atrás para adelante, deseaba que Dorcas no hubiera muerto. "Hizo una túnica para mi hijo, cuando yo no tenía ropa para él."

"And she made clothes for my baby," another woman added.

Dorcas, who now lay dead, had at some time helped everyone who came. The room filled with the sound of weeping.

"It does not seem right that someone as kind as Dorcas should get so sick and die so young."

"Me hizo este abrigo para que no tuviera frío," dijo un hombre.

"Hizo ropa para mi bebé," añadió otra mujer.

Dorcas, que ahora estaba muerta, había ayudado a todo el que llegaba. La habitación se llenó con el ruido del llanto.

"No parece justo que alguien tan

One man stood up. "Have any of you heard of a man named Peter?"

"No." The others shook their heads. "Who is he?"

"He was a friend of Jesus of Nazareth, the man some people say rose from the dead. Right now Peter is nearby in the town of Lydda."

"But what can Peter do?"

"I don't know, but we can ask him and see."

Two men left the house where Dorcas was lying on her bed. They hurried to find Peter, one of Jesus' special friends.

"I am not God," Peter told them. "I have no power over death. Only Jesus does. But take me to your friend Dorcas, and we will see what the Lord will do."

Peter went with the two men as they hurried back to Dorcas's home and followed them into her room. When he saw all the people, he asked them to leave.

Peter knew that Jesus had seen the many kind things Dorcas had done for the poor people, and he knew that Jesus understood how much these people loved and missed her. So Peter prayed over her dead body.

Then Peter spoke. "Get up, Dorcas."

She sat up. "Oh, my." Dorcas blinked and looked up at Peter.

bueno como Dorcas se enferme tanto y muera tan joven."

Un hombre se levantó. "¿Han oído hablar de un hombre que se llama Pedro?"

"No." Los demás sacudieron sus cabezas. "¿Quién es?"

"Era un amigo de Jesús de Nazaret, el hombre que algunos dicen que resucitó de los muertos. Ahora mismo Pedro está cerca, en el pueblo de Lida."

"¿Pero qué puede hacer Pedro?"

"No sé, pero podemos preguntarle y veremos."

Dos hombres salieron de la casa donde Dorcas yacía en cama. Se apresuraron a buscar a Pedro, uno de los amigos especiales de Jesús.

"Yo no soy Dios," les dijo Pedro. "No tengo poder sobre la muerte. Sólo Jesús lo tiene. Pero llévenme a ver a su amiga Dorcas y veamos qué hace el Señor."

Pedro se fue con los dos hombres, y se apresuraron a volver a la casa de Dorcas; él los siguió hasta su habitación. Cuando vio a toda la gente, les pidió que salieran.

Pedro sabía que Jesús había visto las muchas cosas buenas que Dorcas había hecho por la gente pobre, y sabía que Jesús entendía cuánto esta gente la amaba y la extrañaba. Entonces Pedro oró sobre su

"Why am I in bed?"

Peter held out his hand. "You were dead, but now you are alive again."

Dorcas stood with Peter's help. Then he called her friends to come back into the room. They cried and laughed with joy when they saw her.

"She is alive! Dorcas is alive again!"

"Jesus is the Lord, the Son of God!"

Everyone hugged Dorcas and talked about how happy they were to know Jesus, who could bring the dead back to life.

Scripture: Acts 9:36-42

cuerpo muerto.

Pedro habló. "Levántate, Dorcas."

Ella se sentó. "Oh." Dorcas parpadeó y miró a Pedro. "¿Por qué estoy en cama?"

Pedro extendió su mano. "Estuviste muerta, pero ahora estás viva otra vez."

Dorcas se levantó con la ayuda de Pedro. Después llamó a sus amigos para que entraran a su habitación otra vez. Ellos lloraron y rieron de alegría cuando la vieron.

"¡Está viva! ¡Dorcas vive otra vez!"

"¡Jesús es Señor, el Hijo de Dios!"

Todos abrazaron a Dorcas y hablaron de lo felices que estaban de conocer a Jesús, que podía resucitar a los muertos.

Pasaje bíblico: Hechos 9:36-42

184

Interesting Facts

- Joppa is a city on the shores of the eastern Mediterranean Sea. It is the same city to which Jonah ran. It's where he boarded a ship to Tarshish (Spain) and tried to hide from God.
- A tunic is a shirt that is so long, it would go all the way down to your knees!
- Dorcas means "gazelle," which is a beautiful kind of deer that appears to float gracefully as it runs.

Truth from God's Word

Sometimes it is hard to take time to help others. However, God reminds us that when we help another person, we show that we care about that person. God's Word also teaches that when we love and help others, we show that we really love God's Son, Jesus.

Thinking about Dorcas

Dorcas was only one woman, but she was kind and helped many poor people. She did what she could do best when she made clothes for people who needed them. They loved her, so they went to someone they believed could help her: Peter, one of Jesus' disciples. Peter showed them that only the power of Jesus can bring a person back to life. Why did people love Dorcas so much? How did they know that she loved them?

Thinking about YOUR Life

What are some of the things you do best? Have you ever made a gift for someone? Have you ever taken time to help someone? Have you ever given some of your things to someone who needed them? How did the people you helped feel about you afterward? How do you know? Was God pleased? How do you know?

Praying about Ways to Help Others

1. Ask God to show you how you can help others.
2. Pray that God will help you think about others ahead of yourself.
3. Ask God to help you be willing to share your time and your abilities with others.

GROWING TIME · TIEMPO PARA CRECER

Hechos Interesantes

- Jope es una ciudad que está en la orilla del Mar Mediterráneo oriental. Es la misma ciudad a la que Jonás huyó. Es donde tomó un barco para Tarsis (España) y trató de esconderse de Dios.
- Una túnica es una camisa, tan larga ¡que te llegaría hasta las rodillas!
- Dorcas significa "gacela," que es una bella clase de venado, que parece que flota con elegancia cuando corre.

Verdad de la Palabra de Dios

A veces es difícil dedicar tiempo para ayudar a otros. Sin embargo, Dios nos recuerda que cuando ayudamos a otra persona, demostramos que nos preocupamos por esa persona. La Palabra de Dios también enseña que cuando amamos y ayudamos a otros, demostramos que realmente amamos al Hijo de Dios, Jesús.

Piensa en Dorcas

Dorcas era una sola mujer, pero era buena y ayudaba a muchos pobres. Usaba sus habilidades cuando hacía ropa para la gente que la necesitaba. Ellos la amaban, por lo que buscaron a alguien que creían que podía ayudarla: Pedro, uno de los discípulos de Jesús. Pedro les demostró que sólo el poder de Jesús puede resucitar a alguien. ¿Por qué la gente amaba tanto a Dorcas? ¿Cómo supieron que ella los amaba?

Piensa en TU Vida

¿Cuáles son algunas de las cosas que haces bien? ¿Alguna vez has hecho un regalo para alguien? ¿Alguna vez has dedicado tiempo para ayudar a alguien? ¿Alguna vez has dado algo tuyo a alguien que lo necesitaba? ¿Cómo se sintió la gente que ayudaste después de ayudarla? ¿Cómo lo sabes? ¿Le agradó a Dios? ¿Cómo lo sabes?

Ora por Formas de Ayudar a Otros

1. Pídele a Dios que te muestre cómo ayudar a otros.
2. Ora para que Dios te ayude a pensar en otros, antes que en ti.
3. Pídele a Dios que te ayude a estar dispuesto a compartir tu tiempo y tus capacidades con otros.

Priscilla

"Welcome!" Priscilla said to those who had come to learn about Jesus. "Come in and make yourselves at home!" She and her husband, Aquila, were tent makers who taught their guests about Jesus Christ. Anyone who wanted to hear the Good News was welcome in their home.

But times became difficult. Someone shouted, "Emperor Claudius has ordered all Jews to leave Rome!"

Aquila calmed their guests. "Obey the law. Be at peace."

"All you've worked for, your beau-

Priscila

"¡Bienvenidos!" dijo Priscila a los que habían llegado a aprender de Jesús. "¡Pasen y siéntanse en casa!" Ella y su esposo, Aquila, hacían tiendas y enseñaban de Jesucristo a sus invitados. Cualquiera que quisiera escuchar las Buenas Nuevas era bienvenido en su hogar.

Pero el tiempo se puso difícil. Alguien gritó: "¡El emperador Claudio ha ordenado que todos los judíos salgan de Roma!"

tiful home! What will you do?"

"We're going to the city of Corinth."

Priscilla was not worried. "The Lord will provide all we need." She laughed. "Besides, the emperor is helping Jesus! We would have stayed here forever, but now we'll have the opportunity to share the Good News with people in other places!"

Aquila tranquilizó a sus invitados. "Obedezcan la ley. Tengan paz."

"Todo lo que han trabajado, ¡su bella casa! ¿Qué van a hacer?"

"Iremos a la ciudad de Corinto."

Priscila no estaba preocupada. "El Señor proveerá todo lo que necesitemos." Se rió. "Además, ¡el emperador está ayudando a Jesús!

And so they moved to Corinth. One day, a man came to their door. "I've heard you are Christians. I am Paul."

"Paul!" Priscilla opened the door wide. "We've heard that the Lord appeared to you on the road to Damascus! Come in and tell us about it!"

"I'm looking for a place to live while I'm here in Corinth."

"Live with us!" Priscilla and Aquila said.

"The trouble that comes my way may fall upon you also," Paul warned.

"Let trouble come. We are your brother and sister in Christ. We'll help one another." Paul was also a tent maker. When he was not preaching at one of the synagogues, he worked

Nos habríamos quedado aquí para siempre, pero ahora tenemos la oportunidad de compartir las Buenas Nuevas con la gente de otros lugares!"

Entonces se trasladaron a Corinto. Un día, un hombre llegó a su puerta. "Supe que son cristianos. Yo soy Pablo."

"¡Pablo!" Priscila abrió bien la puerta. "¡Nos hemos enterado de que el Señor se te apareció en el camino a Damasco! ¡Entra y cuéntanos cómo fue!"

"Estoy buscando un lugar para vivir mientras estoy aquí en Corinto."

"¡Quédate con nosotros!" dijeron Priscila y Aquila.

"Pero los problemas que me esperan pueden caer sobre ustedes también,"

with his new friends in their business. And he helped teach the many people Priscilla and Aquila invited into their home.

One day Paul told them, "The Lord has called me to the city of Ephesus."

"We will go with you!" So they all settled there.

Priscilla and Aquila continued to have a church in their new home, and Paul continued to preach. When the Lord called Paul away to another city, Priscilla and Aquila knew it was time to stay behind. Many of their friends were new Christians who had much to learn.

"Have you heard Apollos?" one asked. "He preaches about Jesus too, but he doesn't teach as you and Aquila do."

Priscilla and Aquila went to hear Apollos. He was a wonderful speaker, and a huge crowd had gathered to hear him. "He knows only part of the truth about Jesus," Aquila said. "He doesn't know about Jesus' life after John baptized Him. He doesn't know about the Holy Spirit!"

Priscilla knew that her husband was right. "Let's invite this young preacher to live with us. Then we can teach him so that he can teach others."

Apollos had heard of them and gladly agreed to be a guest in their

les advirtió Pablo.

"Que vengan los problemas. Somos tus hermanos en Cristo. Nos ayudaremos mutuamente." Pablo también hacía tiendas. Cuando no estaba predicando en alguna sinagoga, trabajaba con sus nuevos amigos en su negocio. Y los ayudaba a enseñarle a toda la gente que Priscila y Aquila llevaban a su casa.

Un día, Pablo les dijo: "El Señor me ha llamado para que vaya a la ciudad de Efeso."

"¡Iremos contigo!" Entonces se establecieron allá.

Priscila y Aquila continuaron con la iglesia en su nueva casa y Pablo siguió predicando. Cuando el Señor llamó a Pablo para que fuera a otra ciudad, ellos entendieron que debían quedarse. Muchos de sus amigos eran cristianos nuevos que todavía tenían mucho que aprender.

"¿Has escuchado a Apolos?" preguntó uno. "Predica de Jesús también, pero no nos enseña como tú y Aquila."

Priscila y Aquila fueron a escuchar a Apolos. Era un predicador maravilloso y una gran multitud se había reunido para escucharlo. "Él conoce sólo parte de la verdad sobre Jesús," dijo Aquila. "No sabe nada de la vida de Jesús después de que Juan lo bautizó. ¡No sabe del Espíritu Santo!"

home. While Priscilla and Aquila made tents, they taught Apollos everything they knew about Jesus. Apollos was eager to listen.

"Jesus taught many people about God, His heavenly Father. He healed many people too. Then soldiers put Him on a cross, and He died. But He came back to life! And He returned to heaven," Priscilla told Apollos.

Aquila explained, "The Holy Spirit is the helper Jesus spoke of. The Holy Spirit is the One God the Father sent to live inside us so that we can understand the Scriptures. The Holy Spirit is our teacher and counselor."

Apollos went out and taught hundreds of people what Priscilla and Aquila had taught him. Then many more believed in Jesus and thanked God for the Holy Spirit He gave them.

Scripture: Acts 18

Priscila sabía que su esposo tenía razón. "Invitemos a este joven predicador para que se venga a vivir con nosotros. Entonces le enseñaremos para que pueda enseñar a otros."

Apolos había oído de ellos y estuvo dispuesto a ser huésped en su casa. Mientras que Priscila y Aquila hacían tiendas, le enseñaban a Apolos todo lo que sabían de Jesús. Apolos estaba dispuesto a escuchar.

"Jesús le enseñó a mucha gente de Dios, su Padre celestial. También sanó a mucha gente. Pero los soldados lo pusieron en una cruz y murió. ¡Pero resucitó! Y volvió al cielo," le dijo Priscila a Apolos.

Aquila le explicó: "El Espíritu Santo es el ayudador del que Jesús habló. El Padre lo envió a vivir dentro de nosotros para que podamos entender las Escrituras. El Espíritu Santo es nuestro maestro y consolador."

Apolos salió y le enseñó a cientos de gente lo que Priscila y Aquila le habían enseñado. Entonces muchos más creyeron en Jesús y agradecieron a Dios por el Espíritu Santo que les dio.

Pasaje bíblico: Hechos 18

Interesting Facts

- In Bible times, people made tents from animal skins. The skins were cleaned, then dried and stretched until they were soft. These soft skins could be hung over a wooden frame, poles, or branches to create a tent.

- When people moved in Bible times, they had to put all their belongings in a cart or on a donkey's back. They would walk or ride an animal such as a donkey or a camel. If their trip took them across water, they traveled in a sailboat.

Truth from God's Word

When people learn about God's Son, Jesus, and the Holy Spirit, who came after Jesus returned to heaven, God wants these people to teach others what they have learned. That's how the Good News about Jesus spreads.

Thinking about Priscilla

Priscilla and her husband were glad to let Paul stay with them. What do you think they talked about while they worked on their tents? What might they have prayed about? What might Paul have told them about Jesus? When they moved to Ephesus, how did Priscilla and her husband help Apollos? What could have happened if they had not taught Apollos about Jesus and the Holy Spirit?

Thinking about YOUR Life

Before you can tell others about Jesus, you need to learn about Him yourself. You can learn by listening to teachers and by reading the Bible. How can you be sure you know everything you need to know about Jesus? How can you help someone else know all the important things about Jesus?

Praying about Knowing the Whole Truth

1. Pray that God will help you learn more about Jesus every day so that as you grow up, you will know everything you need to know about Him.

2. Ask God to help you be like Priscilla and think of things to say about Jesus while you are doing other things, like playing games and eating meals with family and friends.

3. Thank God for His Word and for the people who help you understand it.

191

Hechos Interesantes

- En tiempos bíblicos, la gente hacía tiendas de piel de animales. Limpiaban las pieles, las secaban y las estiraban hasta que estuvieran suaves. Colgaban estas pieles suaves sobre marcos de madera, palos o ramas para hacer una tienda.

- Cuando la gente se trasladaba en tiempos bíblicos, tenían que poner todas sus pertenencias en una carroza o en el lomo de un burro. Caminaban o montaban un animal, como un burro o un camello. Si tenían que cruzar agua, viajaban en un barco de vela.

Verdad de la Palabra de Dios

Cuando la gente aprende del Hijo de Dios, Jesús, y del Espíritu Santo, quien vino después de que Jesús regresara al cielo, Dios quiere que esa gente enseñe a otros lo que ha aprendido. Así, las Buenas Nuevas se esparcen.

Piensa en Priscila

Priscila y su esposo estaban encantados de que Pablo viviera con ellos. ¿De qué crees que hablaban cuando trabajaban en sus tiendas? ¿Por qué podrían haber orado? ¿Qué les pudo haber dicho Pablo de Jesús? Cuando se mudaron a Efeso, ¿cómo ayudaron Priscila y Aquila a Apolos? ¿Qué pudo haber sucedido si no le hubieran enseñado sobre Jesús y el Espíritu Santo?

Piensa en TU Vida

Antes de hablar con otros acerca de Jesús, debes aprender de él. Puedes aprender al escuchar a tus maestros y al leer la Biblia. ¿Cómo puedes asegurarte de que sabes todo lo necesario acerca de Jesús? ¿Cómo puedes ayudar a alguien más a saber las cosas importantes de Jesús?

Ora para Conocer Toda la Verdad

1. Pídele a Dios que te ayude a aprender más de Jesús todos los días para que, a medida que creces, sepas todo lo que tienes que saber de él.

2. Pídele a Dios que te ayude a ser como Priscila y piensa en qué contar de Jesús cuando haces otras cosas, como jugar y comer con tu familia y amigos.

3. Agradécele a Dios por su Palabra y por la gente que te ayuda a entenderla.

Timothy

From the time Timothy was a little boy, his mother, Eunice, and his grandmother, Lois, had taught him to believe in God. His father, who was Greek, said there were many gods and they lived on Mount Olympus. Sometimes Timothy became very confused, not knowing what to believe!

When Paul of Tarsus came to Lystra on his first missionary

Timoteo

Desde que Timoteo era un niñito, su madre, Eunice, y su abuela, Loida, le habían enseñado a creer en Dios. Su padre, que era griego, decía que había muchos dioses y que vivían en el Monte Olimpo. ¡A veces Timoteo se sentía muy confundido, sin saber qué creer!

Cuando Pablo de Tarso llegó a Listra, en su primer

trip, Timothy's mother and grandmother took him to hear about Jesus. Then Timothy's confusion ended.

"Father, you must believe. Jesus made the blind see and the deaf hear! He raised a man from the dead! People put Him on a cross and killed Him

viaje misionero, la madre de Timoteo y su abuela lo llevaron a que escuchara de Jesús. Entonces la confusión de Timoteo se acabó.

"Padre, tienes que creer. ¡Jesús hizo que el ciego viera y que el sordo oyera! ¡Resucitó de los muertos a un hombre! La gente lo puso en una cruz y lo mató

for claiming to be God. But Jesus rose from the dead after three days in a tomb. He is the Lord!"

Sadly, the boy's father was stubborn. He still believed in false pagan gods.

Timothy went with his mother and grandmother to hear Paul often. The young boy was eager to learn more. After Paul left town, Timothy kept learning more about the Scriptures from his mother and grandmother.

On Paul's second trip, he and Silas

por afirmar ser Dios. Pero Jesús se levantó de los muertos después de estar tres días en una tumba. ¡El es Señor!"

Tristemente, el padre del muchacho era terco. Todavía creía en falsos dioses paganos.

Timoteo a menudo iba a escuchar a Pablo, con su madre y su abuela. El muchacho estaba dispuesto a aprender más. Cuando Pablo se fue, Timoteo siguió aprendiendo más

met Timothy, now a young man who loved the Lord. Many believers in Lystra, Timothy's hometown, and nearby Iconium knew him and thought well of him. But he wanted to learn more. "Please teach me all you know!" Timothy pleaded with Paul, and Paul was very pleased to become Timothy's teacher. In fact, he asked Timothy to join him and Silas as a missionary!

Timothy wanted to help spread the gospel. "Yes! Take me with you."

"I am going to preach in the Jewish synagogues, Timothy. I must prepare you to go there with me."

Timothy did not want anything to stand in the way of the Jewish people hearing about Jesus. He did everything he needed to do to get ready.

The Lord called Paul to go and make disciples in many different cities. Silas and Timothy traveled with him. Some of the people listened and believed. Others became upset and threw Paul out of their city.

After Paul had visited Ephesus several times, he asked Timothy to stay and be the pastor at the church there. Timothy knew the Lord wanted him to stay behind, but he worried. "I'm not as bold as you are, Paul. And I'm younger than other leaders."

Paul placed his hand on Timothy

de las Escrituras con su madre y abuela.

En el segundo viaje de Pablo, él y Silas conocieron a Timoteo, que ya era un joven y amaba al Señor. Muchos creyentes de Listra, la ciudad de Timoteo, y del vecino Iconio, lo conocían y tenían buen concepto de él. Pero él quería aprender más. "Por favor, ¡enséñame todo lo que sabes!" le suplicó a Pablo, y Pablo estuvo encantado de ser el maestro de Timoteo. De hecho, ¡le pidió a Timoteo que se uniera a él y a Silas como misionero!

Timoteo quería ayudar a esparcir el evangelio. "¡Sí! Llévame contigo."

"Voy a predicar en las sinagogas judías, Timoteo. Debo prepararte para que vayas conmigo."

Timoteo no quería que nada impidiera que los judíos escucharan de Jesús. Hizo todo lo necesario para prepararse.

El Señor llamó a Pablo para que fuera a hacer discípulos a muchas ciudades distintas. Silas y Timoteo viajaron con él. Algunos escuchaban y creían. Otros se enfadaban y sacaban a Pablo de su ciudad.

Después de visitar Efeso varias veces, Pablo le pidió a Timoteo que se quedara allí, como pastor de la iglesia. Timoteo sabía que el Señor quería que

as he blessed his young friend and encouraged him. "The Lord has planned for you to stay here and preach the gospel. Jesus is with you. He will give you the words to speak and show you the way to be a shepherd to this small flock of believers."

After Paul left, Timothy preached to the congregation. He visited the sick and helped those who were confused about what to believe. He taught the Scriptures. Some people did say he was too young to be their pastor. Timothy worried so much about wanting to be sure he was a good pastor that he was often sick to his stomach.

Paul wrote, "Remember the Lord, my son. Remember the gift God gave you. Trust in Jesus, and don't argue with people. Just obey God and teach what is true."

Timothy was glad to hear from Paul. He received another letter. This time Paul reminded him how his mother and grandmother had taught him from the Scriptures since he was a young boy. "All Scripture is from God and teaches us what is right and wrong. It helps us know how to do what God wants us to do."

So Timothy continued to study Scripture and teach those God had put in his charge. He loved the people in his

él se quedara, pero estaba preocupado. "No soy tan valiente como tú, Pablo. Y soy más joven que los otros líderes."

Pablo puso su mano sobre Timoteo, bendijo a su joven amigo y lo animó. "El Señor quiere que te quedes aquí y que prediques el evangelio. Jesús está contigo. Él te dará las palabras que tienes que decir y te mostrará el camino para que seas pastor de este pequeño rebaño de creyentes."

Cuando Pablo se fue, Timoteo predicó a la congregación. Visitaba a los enfermos y ayudaba a los que no sabían qué creer. Enseñaba las Escrituras. Algunos sí decían que era muy joven para ser su pastor. Timoteo se preocupaba tanto por asegurarse de ser un buen pastor que a menudo se enfermaba del estómago.

Pablo le escribió: "Recuerda al Señor, hijo mío. Recuerda el regalo que Dios te dio. Confía en Jesús y no discutas con la gente. Sólo obedece a Dios y enseña lo que es cierto."

Timoteo se alegró al saber de Pablo. Recibió otra carta. Esta vez Pablo le recordó cómo su madre y su abuela le habían enseñado las Escrituras desde que era niño. "Toda la Escritura es de Dios y nos enseña lo que es bueno y lo que es malo. Nos ayuda

church as he would a brother or sister, mother or father.

The young pastor obeyed the Scriptures he had been taught as a child and followed Jesus' teachings, which he had learned from Paul. He knew that everything he had been taught was true because he could trust those who had taught him.

Scriptures: Acts 14:5-7; 16:1-5; 1 Corinthians 4:15-17; 1 Timothy; 2 Timothy

☀

a saber cómo hacer lo que Dios quiere que hagamos."

Entonces Timoteo siguió estudiando las Escrituras y enseñó a los que Dios le había encargado. Amaba a la gente de su iglesia como amaría a un hermano, hermana, madre o padre.

El joven pastor obedeció las Escrituras que le habían enseñado de niño y siguió las enseñanzas de Jesús, que había aprendido de Pablo. Sabía que todo lo que le habían enseñado era cierto, porque podía confiar en los que le habían enseñado.

Pasajes bíblicos: Hechos 14:5-7; 16:1-5; 1 Corintios 4:15-17; 1 Timoteo; 2 Timoteo

☀

Interesting Facts

- Timothy's father worshipped Greek gods. Some people thought that if they didn't do what the gods wanted, the gods would punish them. The gods, of course, were not real.
- The name *God* is in the Bible between 3,000 and 4,000 times. The name *Lord* is in the Bible between 6,000 and 7,000 times. And the name *Jesus* appears more than 1,000 times. That's more than 10,000 places to learn about the real God!

Truth from God's Word

God teaches us about Himself and His Son, Jesus, through the Bible. He places people in our lives to teach us what Scripture says and to show us the way to eternal life through Jesus.

Thinking about Timothy

Sometimes children have only one parent, grandparent, or friend who believes in Jesus. If it hadn't been for Timothy's mother and grandmother, he may never have learned the truth about Jesus. How do you think Timothy felt when his father wouldn't believe in Jesus? Why do you suppose Timothy was so interested in going with Paul? How did Timothy learn to help the people in his church? How did Paul encourage Timothy?

Thinking about YOUR Life

Timothy learned as much about Jesus as he could, and then he taught others. Can you name some people who are helping you learn about Jesus? How can you live so that others know you love Jesus? Timothy shows us that no one is too young to tell others about the love of Jesus. Not everyone will believe us, but we need to tell people anyway. What can you say to your family and friends about Jesus?

Praying to Learn More about Jesus

1. Pray that you will listen well to the adults who teach you about Jesus so you can learn to follow Him.
2. Pray that you will want to study the Scriptures as Timothy did so you can learn what God wants you to do.
3. Pray for courage to tell others about Jesus, no matter how young you are.

Hechos Interesantes

- El padre de Timoteo adoraba dioses griegos. Algunos pensaban que si no hacían lo que los dioses querían, los dioses los castigarían. Los dioses, por supuesto, no eran reales.
- El nombre *Dios* está en la Biblia entre 3.000 y 4.000 veces. El nombre *Señor* está en la Biblia entre 6.000 y 7.000 veces. Y el nombre *Jesús* aparece más de 1.000 veces. ¡Eso es más de 10.000 lugares donde podemos aprender sobre el Dios verdadero!

Verdad de la Palabra de Dios

Dios nos enseña de sí mismo y de su Hijo, Jesús, en la Biblia. Él pone gente en nuestras vidas para que nos enseñen lo que las Escrituras dicen y para mostrarnos el camino a la vida eterna a través de Jesús.

Piensa en Timoteo

A veces los niños tienen sólo un padre, abuelo o amigo que cree en Jesús. Si no hubiera sido por la madre y la abuela de Timoteo, quizás nunca habría conocido la verdad de Jesús. ¿Cómo crees que se sintió Timoteo cuando su padre no quiso creer en Jesús? ¿Por qué crees que Timoteo estaba tan interesado en irse con Pablo? ¿Cómo aprendió Timoteo a ayudar a la gente de su iglesia? ¿Cómo animó Pablo a Timoteo?

Piensa en TU Vida

Timoteo aprendió tanto como pudo de Jesús y luego enseñó a otros. ¿Puedes mencionar algunas personas que te están ayudando a aprender de Jesús? ¿Cómo puedes vivir para que otros sepan que amas a Jesús? Timoteo nos enseña que nadie es muy joven para hablar con otros del amor de Jesús. No todos nos creerán, pero debemos hacerlo, de todos modos. ¿Qué puedes decirles a tu familia y amigos de Jesús?

Ora para que Aprendas Más de Jesús

1. Ora para que escuches bien a los adultos que te enseñan de Jesús y para que puedas aprender a seguirlo.
2. Ora para que quieras estudiar las Escrituras así como Timoteo y para que puedas aprender lo que Dios quiere que hagas.
3. Ora por valor para hablar con otros de Jesús, sin importar que seas muy joven.

GROWING TIME

TIEMPO PARA CRECER

scripture index / índice de pasajes bíblicos

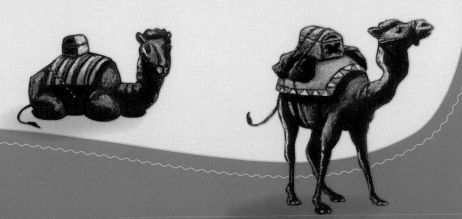

about the authors

Francine Rivers

Francine is a wife, mother, and grandmother living in northern California. She has been writing for adults for more than 30 years.

After becoming a born-again Christian in 1986, she wrote *Redeeming Love* as her statement of faith. Since then she has published numerous books and has won industry acclaim, awards, and reader loyalty.

Francine says she uses her writing to draw closer to the Lord, that through her work she might worship and praise Jesus for all He has done and is doing in her life.

Shannon Rivers Coibion

Shannon is the daughter of Francine Rivers and a full-time homemaker and homeschooling mom. She lives in northern California with her husband and two children.

Shannon, who wrote the Growing Time sections of this book, grew up in a family that read the Bible together. Now Shannon makes certain that her children's schooling includes a daily reading from a one-year kids' Bible, followed by a discussion time.

acerca de las autoras

Francine Rivers

Francine es esposa, madre, abuela y vive en el norte de California. Ha escrito para adultos durante más de 30 años.

Después de convertirse en cristiana nacida de nuevo en 1986, escribió *Amor Redentor* como su declaración de fe. Desde entonces ha publicado varios libros y se ha ganado los elogios de la industria, premios y la lealtad del lector.

Francine dice que utiliza sus escritos para acercarse al Señor, que a través de su obra pueda adorar y alabar a Jesús por todo lo que él ha hecho y está haciendo en su vida.

Shannon Rivers Coibion

Shannon es la hija de Francine Rivers y es ama de casa a tiempo completo. También es una madre que educa a sus hijos en casa. Vive en el norte de California con su esposo y dos hijos.

Shannon, que escribió las secciones de Tiempo para Crecer de este libro, creció en una familia que leía la Biblia junta. Ahora Shannon se asegura de que la educación de sus hijos incluya la lectura diaria de una Biblia para niños de un año, seguida de un tiempo de reflexión.

about the illustrator

Pascale Constantin

Born and raised in Montreal, Pascale Constantin is the illustrator of a number of picture books, including *Camilla Chameleon*, *Raising a Little Stink*, and *Turlututu Rien Ne Va Plus*. She has been nominated four times for Canada's prestigious Governor General's Award for illustration. After spending several years in Barbados, Pascale has returned to live and work in Montreal, Canada.

acerca de la ilustradora

Pascale Constantin

Pascale Constantine nació y se crió en Montreal y es la ilustradora de una cantidad de libros ilustrados, que incluyen *Camilla Chameleon, Raising a Little Stink* y *Turlututu Rien Ne Va Plus*. Ha sido nominada cuatro veces para el prestigioso Premio del Gobernador General de Canadá. Después de pasar varios años en Barbados, Pascale ha vuelto a vivir y a trabajar en Montreal, Canadá.